JN058689

最短で学ぶ
Vectorworks
建築製図と
プレゼンテーション

エーアンドエー OASIS　監修　辻川ひとみ・吉住優子　著

学芸出版社

はじめに

本書の特徴　現在、建築・インテリアの設計をする上で、CAD は欠かすことのできないツールになっており、大学教育においても、ほとんどの建築・インテリアデザイン学科で CAD を用いた設計授業が展開されている。特に、3D-CAD は、学生をはじめとする設計者の描画技術不足を補い、設計者が創造する空間や場面を忠実に再現してくれることから、これまで考えられてきたドラフトツールからデザインツールとして進化を遂げている。

　本書で扱う Vectorworks は、アメリカに本社を置く Vectorworks, inc. が開発し、日本では A&A 社が販売している汎用 3D-CAD ソフトである。特に建築・インテリア業界では、幅広く知られ、建築設計事務所やアトリエ系デザイン事務所の多くが本ソフトを利用している。

　本書は、著者らが大学での授業用として作成してきた自作テキストに、A&A 社監修下で加筆修正を加え、よりわかりやすく丁寧な、初学者向けテキストとして作成したものである。また、大学でのおよそ半期にあたる 14 コマで、平面図、断面図、立面図、外観パース、内観パース、アニメーションまでを含むプレゼンテーション図面（一部 Adobe 社 Illustrator を使用）を一通り作成できるよう構成されている。

　通常、建築設計図面を作成する場合は、2D-CAD を用いて図面を作成する。パースを必要とする場合には、3D-CAD で改めてモデリングを行うといった作業行程をとるが、本書は初めから 3D-CAD で建築物をモデリングしていき、作品を完成させると、それらから配置図、平面図、断面図、立面図、展開図、外観パース、内観パースなど、あらゆる建築図面を取り出す方法を紹介している。感覚的に建物や空間を設計し、何度も修正を重ねながらモデルを完成させ、同じデータファイルを用いて、正確な設計図面を取り出すという、まさにデザインツールとしての使用方法である。

　なお、本書カバーに掲載されている、学生による作品例は、A&A 社 Vectorworks 教育支援プログラム、OASIS において学生作品集に掲載されたもので、本テキストを使った実習により制作された学生作品である。

　本書が建築・インテリアを学ぶ学生の皆さんはもとより、建築・インテリアデザインに携わるあらゆる実務者の方々の設計業務に役立つことを、心より願う。

諸注意　本テキストは、Windows 環境での Vectorworks Designer 2019 の操作を元に作成されたもので、一部の機能やライブラリに差異があるが、バージョン 2018 や 2020 でも読み替えることで概ね対応している。また、Windows 版と Mac 版で、作業画面やツールがほぼ同じであるため、Mac 利用者にも安心して使用いただける。

本書の効果的な使い方　本書は、2 階建て住戸（HAGYhouse）を課題作品とし、ファイルの保存（step1）、書類設定（step2）、レイヤの設定（step3）などの初期設定から、基準線の作成、柱や壁の作成、建具の挿入など、順を追って進み、最終的に内観パース（step28）まで作成し、1 つの建物を最後まで一通り完成させることで、建築図面の知識を確認しながら、Vectorworks の操作方法を確実に学んでもらえるよう、構成されている。読者の皆さんには、**可能な限りページを飛ばさず、前から順に読み進めていただくことをお願い**したい。なお、HAGY house step のマークがない項は、必ずしも課題ファイルを使って練習する必要はなく、新規ファイルを用いて練習して良い項である。

謝辞　本書の執筆にあたり、多くのご支援および監修をしてくださった A&A 株式会社の福原弘之様、いつも温かく見守り、編集マネジメントをしてくださった学芸出版社の岩崎健一郎様、課題作品の監修をしてくださった植村康弘先生、また学生時代の作品を提供してくれた帝塚山大学卒業生の小島薫さん（作品名：NAMIKIMICHI）、出原礼勝さん（作品名：CLOVIS AYAMEIKE）に、深く感謝を申し上げます。

Contents

⌂ house step1 ~ step31

このマークのある項は、本書課題図面 HAGYhouse を完成させながら学んでいくよう設定されている。必ず step1、step2、step3... と順番に学んでほしい。マークのない項は、課題図面で扱っているファイルを必ずしも使う必要はなく、新規ファイルを開いて練習するとよい。

1 建築設計図面の種類と関係

　決定したデザインを実現するために作成する実施設計図は、下表のように意匠図、構造図、設備図として、図面の機能・目的から分けられる。本書では意匠図（建築図面）のうち大学の卒業設計など自由設計課題で求められる配置図、平面図、立面図、断面図、透視図などの作図方法を学ぶ。

	図面名称	内　容	縮　尺
	表　　　紙	作品名、設計者、設計期日を記入	―
	建築概要書	建物の規模、階数、構造、設備の概要を記入	―
	仕　様　書	工法、使用材料の種別、等級・方法、メーカーなどを明示	―
	面　積　表	建築面積、延床面積、建蔽率、容積率などを記入	―
	仕　上　表	外部・内部の表面仕上材や色彩などを指示	―
	案　内　図	敷地環境・都市計画的関連、方位、地形などを記入。必ず北を上にする	1:500〜3,000
	配　置　図	敷地、道路、隣地、方位、建物の配置、アプローチ、庭園樹木などを記入	1:100、200、500
意	平　面　図	部屋の配置を平面的に示したもの（各階の床面から1〜1.5m程度の高さの水平断面を図面化）	1:50、100、200、300
匠	立　面　図	建物の外観を表し、通常は東西南北の4面	1:50、100、200、300
図	断　面　図	建物の垂直断面を示したもので、通常主要部を2面以上。建物と部屋の断面形状、階高、軒高、天井高など垂直寸法関係を示す	1:50、100、200、300
（建築図面）	矩　計　図	建物と地盤、垂直方向の各部寸法の基準や基準詳細を示す	1:20、30、50
	詳　細　図	出入口、窓、階段、便所、その他主要部分の平面・断面・展開などの詳細な納まりを示す	1:5、10、20、30
	展　開　図	各室の内部壁面の詳細を示す（北から時計周りに描く）	1:20、30、50、100
	天　井　伏　図	天井面の仕上材、割付、照明の位置などを記入	1:50、100、200、300
	屋　根　伏　図	屋根面の見下ろし図で、形状、仕上げ、勾配などを記入	1:50、100、200、300
	建　具　表	建具の形状・材料、付属金物、錠など数量や仕上げを示す	1:30、50
	現　寸　図	実物大の各部詳細を示す	1:1
	透　視　図	外観や内観の雰囲気や空間構成を理解しやすいように絵で表現したもの	―
	日　影　図	建築基準法で定められた方法により、冬至における日照状況を描いたもの	1:100、200、300
	積　算　書	コストプランニングや工事概算など	―
	仕　様　書	特記事項の記入、構造概要・工法・材料などの指定	―
	杭　伏　図	地質調査結果との関係、位置・大きさなどを示す	1:100、200
	基　礎　伏　図	基礎の位置・形状などを示す	1:100、200
	床　伏　図	床材の位置・大きさ・形状などを示す	1:100、200
構	梁　伏　図	梁材の位置・大きさ・形状などを示す	1:100、200
造	小　屋　伏　図	小屋梁、材料の大きさ・位置・構法などを示す	1:100、200
図	軸　組　図	柱・間柱・梁・筋かいなどの垂直架構材を主に示す	1:100、200
	断面リスト	柱・梁・床・階段などの断面リスト、詳細を示す	1:20
	矩　計　図	柱・梁の垂直方向の架構詳細図	1:20、50
	詳　細　図	架構部分の構造別詳細を示す	1:5、10、20
	構造計算書	構造設計図の根拠となるもの、強度計算	―

仕　様　書	設備のシステムや工法・材料・メーカーなどの指定	—
電気設備図	盤結線図、配電図、系統図、平面図、各部詳細図、機器・器具一覧表	1:100、200
給排水衛生設備図	計算書、配電図、系統図、平面図、各部詳細図、機器・器具一覧表	1:100、200
空調設備図	熱計算書、配電図、系統図、平面図、各部詳細図、機器・器具一覧表	1:100、200
ガス設備図	配電図、系統図、平面図、各部詳細図、機器・器具一覧表	1:100、200
防災設備図	配電図、系統図、平面図、各部詳細図、機器・器具一覧表	1:100、200
昇降機設備図	平面詳細図・断面図・機器表など	1:20、100

（左端縦に）設備図

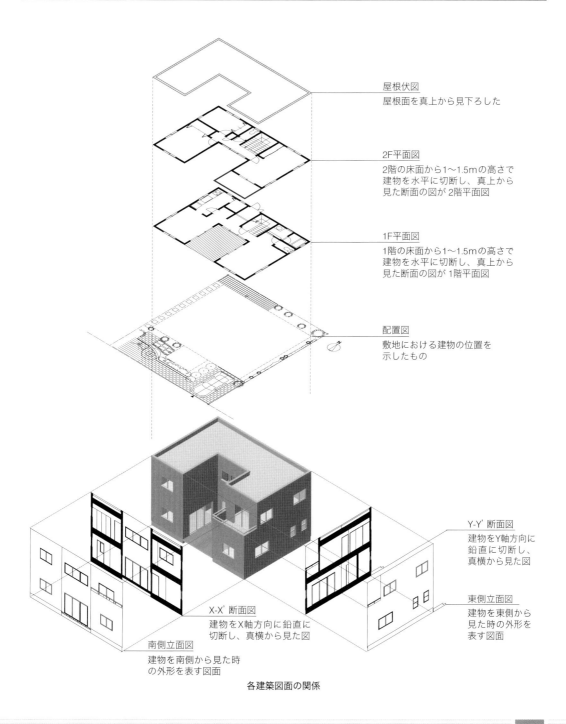

屋根伏図
屋根面を真上から見下ろした

2F平面図
2階の床面から1〜1.5mの高さで建物を水平に切断し、真上から見た断面の図が2階平面図

1F平面図
1階の床面から1〜1.5mの高さで建物を水平に切断し、真上から見た断面の図が1階平面図

配置図
敷地における建物の位置を示したもの

Y-Y'断面図
建物をY軸方向に鉛直に切断し、真横から見た図

東側立面図
建物を東側から見た時の外形を表す図面

X-X'断面図
建物をX軸方向に鉛直に切断し、真横から見た図

南側立面図
建物を南側から見た時の外形を表す図面

各建築図面の関係

1 ▸ 基本操作

Vectorworks で図面を描くために、必要最低限の基本操作を学ぼう。

01　操作画面

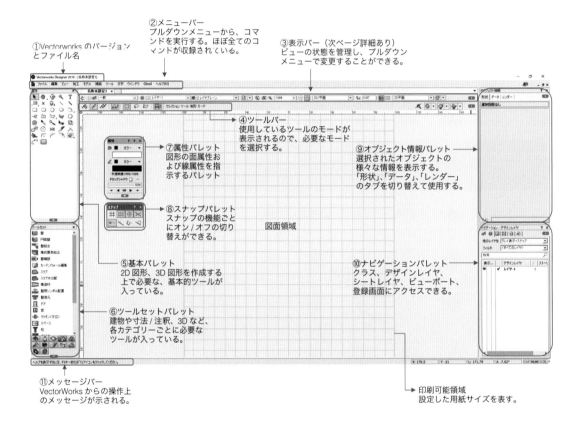

①Vectorworks のバージョン
とファイル名

②メニューバー
プルダウンメニューから、コマ
ンドを実行する。ほぼ全てのコ
マンドが収録されている。

③表示バー（次ページ詳細あり）
ビューの状態を管理し、プルダウン
メニューで変更することができる。

④ツールバー
使用しているツールのモードが
表示されるので、必要なモード
を選択する。

⑤基本パレット
2D 図形、3D 図形を作成する
上で必要な、基本的ツールが
入っている。

⑥ツールセットパレット
建物や寸法 / 注釈、3D など、
各カテゴリーごとに必要な
ツールが入っている。

⑦属性パレット
図形の面属性お
よび線属性を指
示するパレット

⑧スナップパレット
スナップの機能ごと
にオン / オフの切り
替えができる。

図面領域

⑨オブジェクト情報パレット
選択されたオブジェクトの
様々な情報を表示する。
「形状」、「データ」、「レンダー」
のタブを切り替えて使用する。

⑩ナビゲーションパレット
クラス、デザインレイヤ、
シートレイヤ、ビューポート、
登録画面にアクセスできる。

⑪メッセージバー
VectorWorks からの操作上
のメッセージが示される。

印刷可能領域
設定した用紙サイズを表す。

③表示バー

一度クリックすると、現状の2倍の縮尺表示に拡大される。Alt キー（Mac の場合は、option キー）を押しながらクリックすると、現状の1/2に縮小される。なお、拡大 / 縮小後は、選択している図形が画面中央に表示される。

クラスの一覧（オーガナイザ）を開くショートカット

デザインレイヤの一覧（オーガナイザ）を開くショートカット

用紙全体が見られるよう拡大または縮小される。

現在アクティブなクラスが表示されている。プルダウンメニューでアクティブクラスを変更できる。

現在アクティブなデザインレイヤ、またはシートレイヤが表示されている。プルダウンメニューでアクティブデザインレイヤまたはシートレイヤを変更できる。

図面内のすべての図形が見えるように拡大または縮小される。

現在の倍率を示している。数値入力ができる。

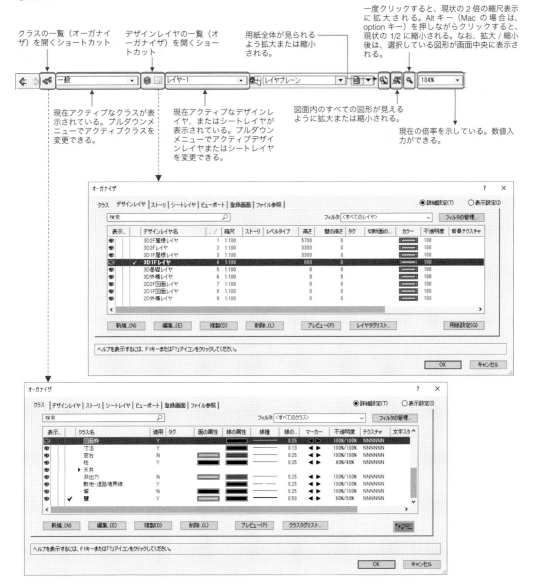

ビューを統合できる

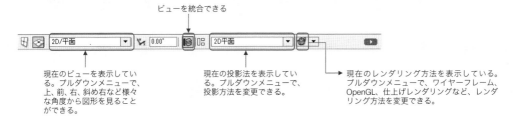

現在のビューを表示している。プルダウンメニューで、上、前、右、斜め右など様々な角度から図形を見ることができる。

現在の投影法を表示している。プルダウンメニューで、投影方法を変更できる。

現在のレンダリング方法を表示している。プルダウンメニューで、ワイヤーフレーム、OpenGL、仕上げレンダリングなど、レンダリング方法を変更できる。

（1）ファイルの保存

① メニューバー［ファイル］→「新規...」を
選択すると「用紙の作成」ダイアログが開
かれるので、「新規に作成」にチェックを入
れ、 OK をクリックする。

② メニューバー［ファイル］→「別名で保存...」
を選択すると、ファイル名と保存場所を指
定するダイアログが表示されるので、
「hagy house_step1」と入力し、「保存」を
クリックする。

③ Vectorworks の拡張子である「.vwx」が末
尾についた「hagy house_step1. vwx」のフ
ァイルが保存される。

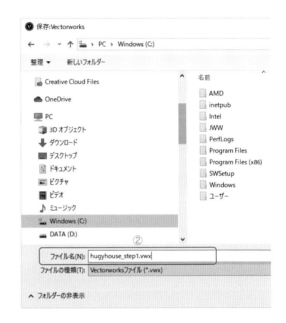

2 ▶ 建築図面作成の準備

建築図面を作成するために、書類の設定を行う。

01　書類設定

☑ready

2-1-02 で作成した「hagy house_step1. vwx」を開き、別名保存で「hagy house_ step2. vwx」として保存しておく。

書類の設定は、メニューバー［ファイル］→「書類設定」→「図面設定（建築土木）…」を選択する。

◆新規作成よりテンプレートを使用してもよい。

（1）単位

① 「図面設定」ダイアログの「単位：」の 変更 を選択する。

② 単位を「ミリメートル」に設定し、「寸法 3桁位取り」にチェック ☑ を入れる。

③ 端数の丸め方：小数、小数の精度：.01 を選ぶ。

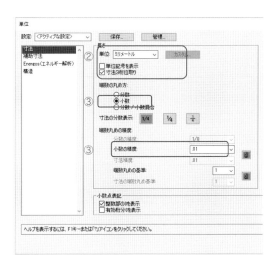

（2）縮尺

① 「図面設定」ダイアログの「縮尺：」の 変更 を選択する。

② 縮尺を「1:100」に設定し、「全レイヤ」にチェック ☑ を入れる。

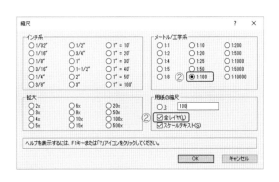

（3）用紙

① 「図面設定」ダイアログの「用紙の大きさ」の 変更 を選択。

② 「サイズを選択」にチェック ✓ を入れ、用紙サイズを「単用紙」にし、用紙の枚数が横、縦とも「1」になっているか確認する。

③ このとき、プリンタも同様に設定する。 プリンタ設定(P) を選択する。

④ 「用紙」の「サイズ(Z)」を A3 にし、「印刷の向き」は横(A)をチェック ● する。

⑤ 設定が完了したら OK を押し、各ダイアログを閉じる。

（4）文字の設定

画面の白い部分を一度クリックして、メニューバー ［文字］ → 「文字設定...」を選択し、以下のように設定する。

・文字のフォント ：MSゴシック（任意）
・文字のサイズ ：8pt

🔍 point
初期設定の「フォント」が「Arial」のままだと、印刷時に文字化けしてしまうので注意する。

02　レイヤの概念

（1）レイヤとは

レイヤ（layer＝画層）とは、同じ図面を階層に分けて描く機能のことである。CAD で描く図面は、透明な紙（トレーシングペーパー等）の重なりであると考えると理解しやすい。

図面を仕上げる過程では、種類別に各種の線を異なるレイヤに書き分ける。必要に応じて表示したり、非表示にしたりすることができ、合理的な作図や編集作業が可能になる。また、それぞれのレイヤを重ねて表示することで、図面が完成する。

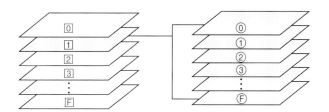

透明のトレーシングペーパーの重なりで、
1枚の図面を完成させるイメージ

（2）Vectorworks におけるデザインレイヤとシートレイヤ

Vectorworks には「デザインレイヤ」と「シートレイヤ」の2種類のレイヤがある。

デザインレイヤ ：高さを設定することができるレイヤと考えると良い。本書ではこのデザインレイヤを用いて、階ごとにレイヤを設定する。

> 🔍 **point**
>
> 本書では、次ページ図のような考え方で、各階レイヤを作成し、基準高さを設定しながら、全階を積み上げていく方法をとる。なお、Vectorworks には高さを設定できる「ストーリ」という機能があり、同様に階ごとの設定が可能であるが、本書では用いないこととする。＊ P.19「デザインレイヤの設定と編集」を参照。

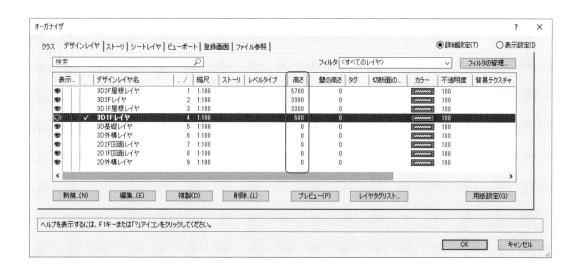

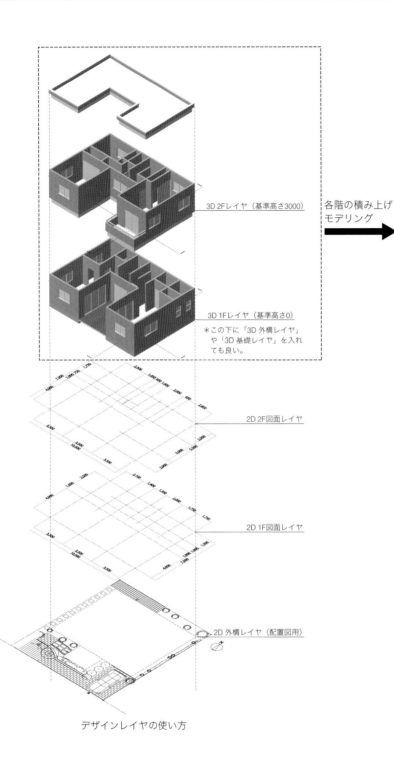

各階の積み上げ
モデリング

3D 2Fレイヤ（基準高さ3000）

3D 1Fレイヤ（基準高さ0）

＊この下に「3D 外構レイヤ」
　や「3D 基礎レイヤ」を入れ
　ても良い。

2D 2F図面レイヤ

2D 1F図面レイヤ

2D 外構レイヤ（配置図用）

デザインレイヤの使い方

シートレイヤ：デザインレイヤで作成した 3D 建築物から平面図や断面図、立面図など各種図面を取り出し、プレゼンテーション図面を作成することができる。＊ P.113「各種図面をまとめる」を参照

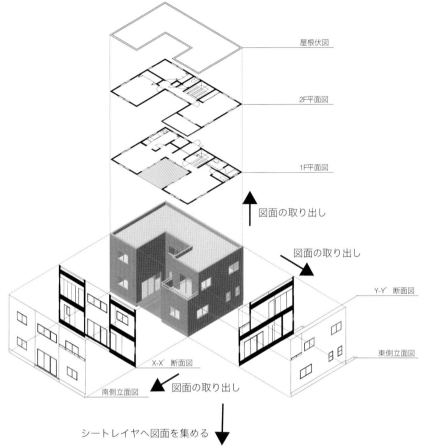

屋根伏図

2F平面図

1F平面図

図面の取り出し

図面の取り出し

Y-Y' 断面図

東側立面図

X-X' 断面図

南側立面図

図面の取り出し

シートレイヤへ図面を集める

シートレイヤの使い方

2

2D操作を学ぶ

（3）Vectorworks におけるクラス

Vectorworks には「デザインレイヤ」の中で描く図形を、その種類ごとに描きわけることができる「クラス」という機能がある。

クラス：線の種類や太さ、色などの属性だけでなく、面の属性も設定することができる。またクラスごとにテクスチャを設定することもできる。

🔍 point

Vectorworks における「クラス」は、Jw-cad や AutoCAD におけるレイヤ（画層）に相当するものと考えることができる。また、前項の「デザインレイヤ」は Jw-cad におけるレイヤグループのようなものと考えるとわかりやすい。なお、クラスにはデフォルトとして「一般」クラスと「寸法」クラスが予め用意されており、寸法線を書くと自動的に「寸法」クラスに、その他の図形は全て「一般」に割り振られるが、下図のように「基準線」、「寸法線」、「壁」、「建具」など新規にクラスを作成することで、より使いやすくカスタマイズすることができる。本書では独自のクラスを設定する（第2章で実際に作成する）。

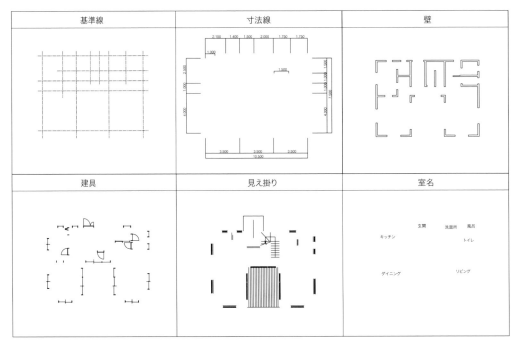

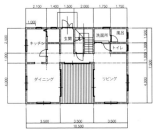

上図の全クラスを重ねて表示させると、左図のような平面図になる。

☑ready

2-2-01 で作成した「hagy house_step2. vwx」を開き、別名保存で「hagy house_ step3. vwx」として保存しておく。

① メニューバー［ツール］→「オーガナイザ...」を選択、もしくは表示バーから、「レイヤ」ボタン 🥞 を選択すると、「オーガナイザ」ダイアログが表示される。

② 新規(N) を押すと「デザインレイヤの作成」ダイアログが表示される。

③「新規に作成(N)」をチェックし、名前を書いて OK を押すと、オーガナイザに新規で追加表示される。

④ 次に 編集(E) を押し、「デザインレイヤの編集」ダイアログを表示させ、図のように変更する（指定していない箇所はデフォルトのままで良い）。
　・「名前：(M)」　　　　2D1F 図面レイヤ
　・「前後関係：(K)」　　　1
　・「ストーリレベル：」　なし
　・「高さ(Z)：(E)」　　　0

🔍 point

◆デザインレイヤの表示
　デザインレイヤ表示の変更は 🥞 の色と位置で判断する。（表示｜非表示｜グレー）

◆デザインレイヤの変更
　各オブジェクトのデザインレイヤ変更はオブジェクト情報で行う。

① メニューバー [ツール] →「オーガナイザ...」
を選択、もしくはデータ表示バーから、「ク
ラス」ボタン 〼 、「レイヤ」ボタン 🗇
を選択すると「オーガナイザ」ダイアログ
が表示される。

② 新規(N) を押すと「クラスの作成」ダイ
アログが表示される。

③ 「新規に作成(N)」をチェックし、名前を書
いて OK を押すと、オーガナイザに新規で
追加表示される。

④ 次に 編集(E) を押し、「クラスの編集」
ダイアログを表示させ、次頁の図のように
変更する。

⑤ クラスをそれぞれ次頁のように設定する
（指定していない箇所はデフォルトのまま
で良い）。

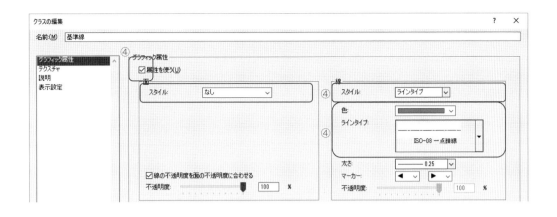

◆線種の選び方：実線はカラー、破線系はラインタイプの中から選択できる。
◆線の種類は、Vectorworks ライブラリの中にある。

・基準線　　　「面」スタイル：なし、「線」スタイル：ラインタイプ、色：緑、
　　　　　　　ラインタイプ：ISO-08 一点鎖線、太さ：0.25
・図面枠　　　「面」スタイル：なし、「線」スタイル：カラー、色：黒、太さ：0.35
・寸法　　　　「面」スタイル：なし、「線」スタイル：カラー、色：黒、太さ：0.13
・敷地・道路境界線　「面」スタイル：なし、「線」スタイル：ラインタイプ、色：黒、
　　　　　　　　　　ラインタイプ：ISO-04 一点長鎖線、太さ：0.25
・建具補助線　「面」スタイル：なし、「線」スタイル：ラインタイプ、色：紫、
　　　　　　　ラインタイプ：ISO-10 一点短鎖線、太さ：0.18
・建具寸法　　「面」スタイル：なし、「線」スタイル：カラー、色：紫、太さ：0.05

🔍 point

◆クラスの表示
クラス表示の変更は 👁 の色と位置で判断する。（表示 | 非表示 | グレー）

◆クラスの変更
各オブジェクトのクラス変更はオブジェクト情報で行う。

05　図形を描く

よく使うツールを練習しよう。書類設定は不要。

（1）直線

① 基本パレットの「直線」ツール をク
　リックする。

② ツールバーに「任意角度モード」と表示さ
　れているのを確認する。

③ 作図ウィンドウ内の任意のA点でクリッ
　クする。（始点になる）

④ カーソルを移動し、線の長さと方向を決め、
　任意のB点でクリックする。（終点になる）

◆③でカーソルを移動するとき、Shiftキーを
　押すと水平、垂直、45°などの直線が描け
　る。Shiftキーは④のクリックをした後で
　離す。
　クリックで直線が描けない場合は、環境設
　定が異なる可能性が考えられる。

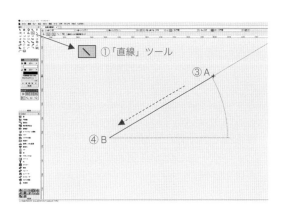

①「直線」ツール
③A
④B

（2）数値入力による直線

① 基本パレットの「直線」ツール をダ
　ブルクリックする。

② 生成 直線ダイアログが表示される。

③ 描きたい線の情報を入力し、[OK]を押す。

　　　△X、△Y ：X、Y軸方向への線の長さ
　　X、Y　　　：座標位置

◆「マウスクリックで位置決め」にチェック
　を入れると、X,Y値は無効となる。

④ 作図ウィンドウ内の任意のA点でクリッ
　クする。そこを始点とした③の設定通りの
　線が描かれる。

（3）四角形

① 基本パレットの「四角形」ツール 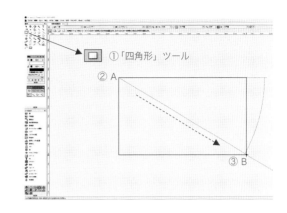 を
　クリックする。

② 任意のA点でクリックする。

③ 四角形の対角となるB点までカーソルを
　移動し、クリックする。

◆③でカーソルを移動するとき、Shift キーを
　押すと正方形が描ける。Shift キーは③で
　クリックした後で離す。

（4）数値入力による四角形

① 基本パレットの「四角形」ツール 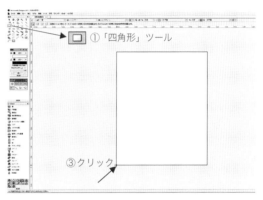 を
　ダブルクリックする。

② 表示された生成ダイアログで次のように
　設定し、OK をクリックする。
　・「マウスクリックで位置決め」をチェッ
　　クする ☑ 。
　・位置決めする点：左下
　・幅（W）：5000、高さ（H）：6000 と入力する。

③ カーソルが ⊕ に変わる。四角形の左下
　になるA点（任意）でクリックする。

（5）多角形

① 基本パレットの「多角形」ツール 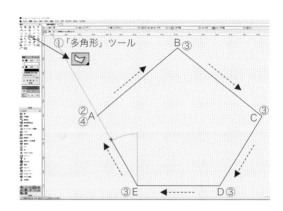 をクリックする。

② 多角形の任意のA点でクリックする。（多角形の始点となる頂点）

③ 続けてマウスを移動して多角形の頂点、B→C→D→Eをクリックする。

④ A点にカーソルを重ねてクリックする。

◆多角形の最後の頂点（E点）でダブルクリックすると、開いた多角形が描ける。

（6）円

① 基本パレットの「円」ツール 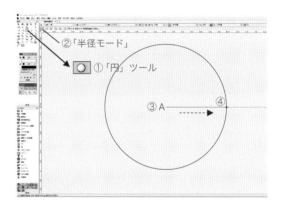 をクリックする。

② ツールバーの「半径モード」 をクリックする。

③ 円の中心として任意のA点でクリックする。

④ 円の半径分マウスを移動し、円が描きたい大きさになったらクリックする。

（7）円弧

① 基本パレットの「円弧」ツール 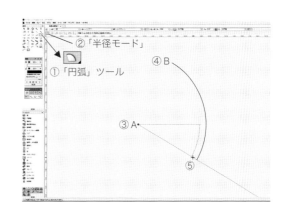 をクリックする。

② ツールバーの「半径モード」 をクリックする。

③ 円弧の中心位置としてのA点でクリックする。

④ 円弧の半径分マウスを移動し、円弧の始点としてB点でクリックする。

⑤ マウスを円弧方向に移動し、円弧が描きたい長さになったらクリックする。

（8）ダブルライン（2重線）

① 基本パレットの「ダブルライン」ツール をクリックする。

② ツールバーの「ダブルラインツール設定」 をクリックする。

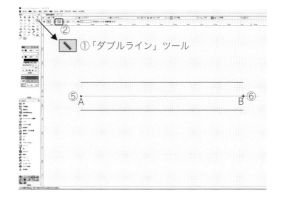

③「ダブルラインの設定」ダイアログの「幅」に1000と入力し、OKをクリックする。

④ ツールバーの「中央ドラッグモード」 をクリックする。

⑤ A点でクリックする。

⑥ B点でクリックする。

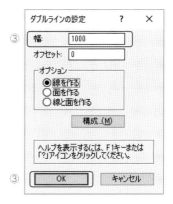

🔍 point

◆図面表示の変更：基本パレットのツールを使う
- ・拡大表示ツール 🔍 ：拡大表示ツールをクリックし、作業画面上で拡大したい部分を囲うと、その部分が画面全体に表示される。また Alt キーを押しながらクリックすると、縮小される（Mac の場合は、option キー）。
- ・パンツール ✋ ：パンツールをクリックし、作業画面を一度クリックしてからドラッグすると、感覚的に画面を移動できる。

◆画面表示の拡大・縮小：表示バーのツールを使う
- ・用紙全体を見る 📄 ：設定した用紙サイズが画面全体に表示される。
- ・図形全体を見る 🔍 ：描かれている図形が画面に表示できるサイズに表示される。
- ・拡大表示 🔍 ：一度クリックすると、200％ずつ拡大される。また Alt キーを押しながらクリックすると、50％ずつ縮小される（Mac の場合は、option キー）。
- ・現在の倍率 `100%` ▼ ：数値入力して画面表示を変更できる。

◆マウスで感覚的に拡大または縮小
- ・マウスのホイールを上に回すと拡大、下に回すと、縮小される。

＊ P.10「操作画面」を参照

🔍 point

必ず覚えておかなくてはいけないカーソルを以下に示す。

↖	セレクションポインタカーソル	最も基本となる選択カーソル。
⊹	スナップドラッグカーソル	図形のアクティブハンドルに重なった状態で、図形を変形せずにドラッグで移動する際に用いる。
╱	リサイズカーソル	選択した図形をドラッグで変形する際に用いるカーソル。
Ⅰ	テキスト挿入	テキストを挿入する際に用いるカーソル。
▷	移動カーソル	任意の位置に移動するためのカーソル。図形のアクティブハンドル以外の部分をドラッグて移動させる。
🔍	ズームカーソル	画面を拡大／縮小できる。

(1) マーキーで囲んで選択

選択したい図形を囲むようにドラッグして選択
する。

① 基本パレットの「セレクション」ツール
🔦 を選択し、図形のないA点から、3つ
の図形を完全に囲むようにプレス→ドラッ
グする。

② マウスボタンを離すとマーキーに完全に
囲まれた図形3つが選択される。

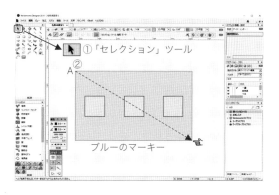

🔍 point

◆選択範囲について
Alt キーを押しながらマーキーで囲むと、一部でも含まれる図形全てが選択される。
（Windows は Alt キー、Mac は option キーを押しながら操作する。）
Shift キーを押しながらマーキーで囲むと選択されていない図形は追加選択、選択されている図形は選択解除される。

（2）複数の図形を１つずつ選択

複数の図形は、キーボードの Shift キーを押しながらクリックして選択する。

① 基本パレットの「セレクション」ツール ▶ を選択し、図形をクリックする。

② Shift キーを押しながら、別の図形をクリックすると追加選択することができる。

③ 逆に選択された図形から一部を解除したい場合には、再度、選択されている図形を Shift キーを押しながらクリックすると、その図形のみ選択解除される。

④ ①で選択した図形を Shift キーを押しながらクリックする。

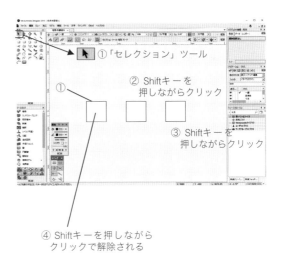

07 図形の編集

（1）マウスで変形させる

選択した図形を、リサイズカーソルで変形させる。

① 図形をクリックすると青いマークが図形上にいくつか表示される。

② 変形したい辺や交点部分のマークにマウスを近付け、リサイズカーソルを表示させる。

③ ドラッグして変形させる。

④ クリックすると、その時の形状で確定する。

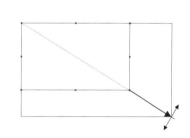

（2）オブジェクト情報パレットで正確に大きさを変更する

オブジェクト情報パレットへの数値入力により大きさを正確に変更する。

① メニューバー［ウインドウ］→「パレット」→「オブジェクト情報」を選択し、オブジェクト情報（パレット）を表示させる。

② 四角形を選択すると、図形の情報がオブジェクト情報パレット上に表示される。

③ オブジェクト情報で「基準点」を選択する。

④ 高さ(H)に12000と入力し、Enterキーを押す。基準点を起点にし、Y方向に5000大きくなる。

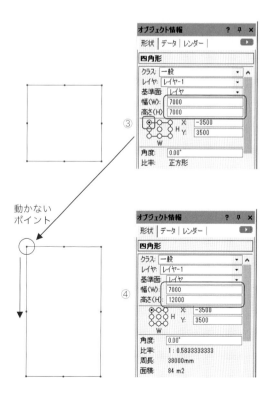

動かない
ポイント

🔍 point

数値入力が行えるシーンでは、四則演算（足し算・引き算・掛け算・割り算など）が行える。
例：12000 ＋ 5000と入力。

（3）回転ツールで回転する

回転ツールで回転する。

① [図形スナップ]をオンにし、回転させたい
　図形を選択する。

② 基本パレットの「回転」ツール 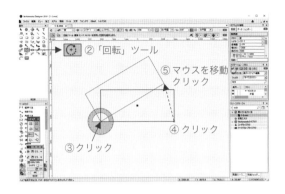 をク
　リックする。

③ 図形の左下（回転の中心）でクリックする。

④ 図形の右下でクリックする。

⑤ 図形を回転させたい方向にマウスを移動
　すると図形が回転する。回転させたい角度
　になったらクリックする。

🔍 point

◆回転ツールでは、回転の中心、回転の基準点、回転角度の順にクリックし回転する。

◆マウスで回転中に Shift キーを押すと、30°と 45°の倍数で角度が規制される。

08 スナップ

（1）図形スナップを使う

図形スナップは、図形の線上、端点、頂点、中心などにスナップする機能。

図形スナップのオン／オフは、スナップパレットの［図形スナップ］ボタンで切り替える。

図形にカーソルを近付けると黒い十字（スナップマーク）がスナップ位置に表示される。スクリーンヒントが表示の場合は、スナップ対象が言葉で表示される。スクリーンヒントの内容でどこにスナップしているかが判断できる。

カーソルがスナップポイントに完全に重なっていなくても、スナップマークが表示されていれば、スクリーンヒントに表示される位置に確実にスナップする。

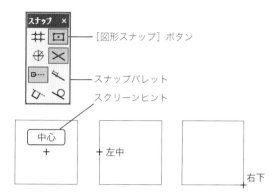

［図形スナップ］ボタン

スナップパレット

スクリーンヒント

中心
＋

＋左中

＋右下

🔍 point

◆スクリーンヒントはキーボードのＹキーを押すことで、表示／非表示を切り替えられる。

◆半角＠を押すことで、一時的に全てのスナップ機能をオフにすることができる。

（2）交点スナップを使う

交点スナップは、図形と図形が交差した点にスナップする機能。
交点スナップのオン／オフは、スナップパレットの［交点スナップ］ボタンで切り替える。
図形と図形が交差した点にスナップすると、スクリーンヒントでは「図形／図形」と表示される。

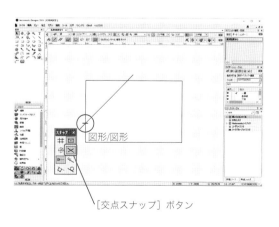

図形／図形

［交点スナップ］ボタン

（3）スマートポイントを使う

角度延長スナップは、2つのスナップ点から水平／垂直／指定した角度の鉛直方向で交差する点にスナップする機能。
角度延長スナップのオン／オフは、スナップパレットの［スマートポイント］ボタンで切り替える。2つの図形が描かれている状態で試してみよう。

① ［図形スナップ］と［スマートポイント］をオンにする。

② 基本パレットの「四角形」ツール □ をクリックし、A点にカーソルを重ねスナップする。（クリックはしない）

③ B点にスナップする。（クリックはしない）

④ B点からカーソルを真左に動かすとA点からの垂直方向と重なるあたりで［鉛直／平行］とスクリーンヒントが表示される。ここでクリックする。

⑤ C点とD点にそれぞれスナップする。（クリックしない）

⑥ 「鉛直／平行」と表示される位置でクリックすると四角形が描ける。

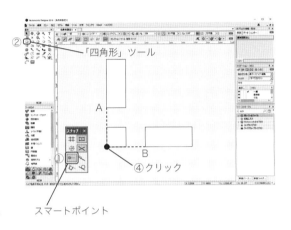

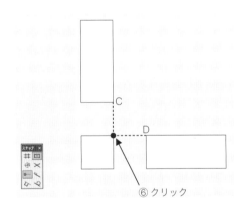

09 図形の移動

☑ ready

図形（矩形）を２つ描いた状態から始めよう。

（1）マウスで任意に移動する

① 基本パレット の「セレクション」ツール ▢ をクリックし、図形にカーソルを重ねる。

② カーソルが白抜き矢印 ▢（移動カーソル）になる。この状態でプレス→ドラッグする。

③ 適当な位置でマウスボタンを離す。

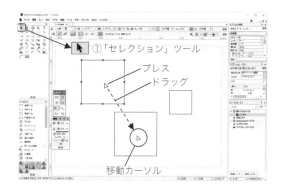

（2）マウスで正確に移動する

ここではスナップ機能を使い、図形同士を接するように正確に移動させる。

① ［図形スナップ］をオンにする。

② 基本パレットの「セレクション」ツール ▢ をクリックし、図形の右下にカーソルを重ねる。

③「右下」とヒントが表示され、マウスがスナップドラッグカーソルに変わる。この状態でプレス→ドラッグする。

④ 別の図形の左上にドラッグし、「左上」とヒントが表示されたら、マウスボタンを離す。

⑤ 左側の図形の右下が右側の図形の左上の位置に移動する。

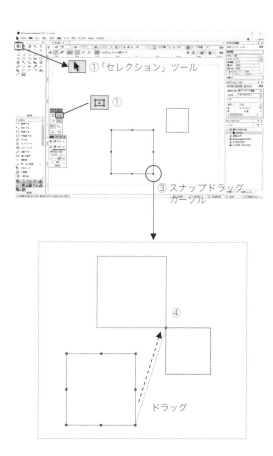

point

スナップドラッグカーソルは、図形の正確な
部分をつかみ、正確な位置に移動する場合に
使う。

（3）オブジェクト情報で移動させる

オブジェクト情報の位置情報に数値をプラス
（またはマイナス）して移動させる。

① 基本パレットの「セレクション」ツール
　 ［▶］をクリックし、移動させたい図形を選
　 ぶ。

② オブジェクト情報の位置情報に移動量を
　 入力する。

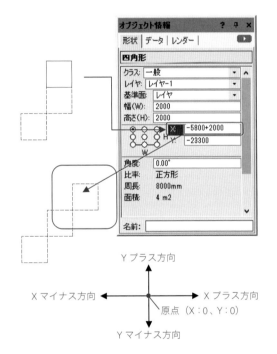

Y プラス方向

X マイナス方向 ← → X プラス方向

原点（X：0、Y：0）

Y マイナス方向

10　コピー・配列複製

☑️ready

図形（矩形）を1つ描いた状態から始めよう。

（1）コピー

図形をドラッグして複製する。

① 基本パレットの「セレクション」ツール
　　🔲 を選択し、複製する図形にカーソルを
　　重ね、Ctrl キーを押しながらプレス→ドラ
　　ッグする。

◆ Windows は Ctrl キー、Mac は option キー

② 適当な位置でマウスボタンを離してから、
　　Ctrl キーを離す。

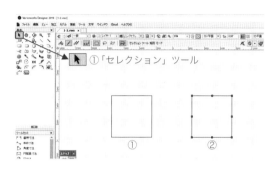

① 「セレクション」ツール

（2）配列複製

「配列複製」コマンドでは、1つの図形を元に等
間隔で指定した数だけ複製できる。直列的配列、
行列による配列と、円弧状に配列が指定できる。

① 複製したい図形（ここで作図されている四
　　角形は縦1,000mm × 横1,000mm の正方
　　形）を選択する。

② メニューバー［編集］→「配列複製...」を
　　選択する。

③ 「配列複製」ダイアログの「複製の形式」か
　　ら「行列状に並べる」を選択する。

④ 以下の設定をする。

列：(o)　　　　　　　 5
行：(R)　　　　　　　 2
段：(S)　　　　　　　 1
列の間隔：(M)　　 2000
行の間隔：(W)　　－2000
段の間隔：(K)　　　 0

◆「回転しながら複製(T)」のチェックを外
　すこと。

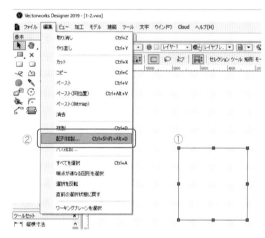

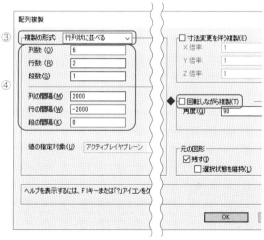

2,000mm 間隔で右図のように図形が複製される。

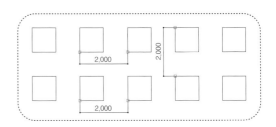

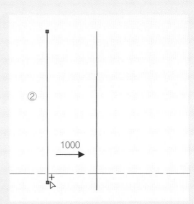

🔍 point

◆基準線の効率的な描き方

オブジェクト情報の位置情報をプラスマイナス
して移動させる。

① 適当な寸法の線を、X方向、Y方向にそれぞ
れ描く。

② コピーしたい線を選択してCtrl＋Dキーを
押し、同位置にコピーする。
◆ Macの場合は、command＋Dキー

③ Ctrl＋Mキーを押し、移動のダイアログを
表示させ、移動距離を入力する。
◆ Macの場合は、command＋Mキー

④ ②～③を繰り返す。

◆メニューバー［ツール］→「オプション」→
「環境設定...」を選択し、描画タブにある「ずれ
を伴う複製（O）」のチェックをはずす。

11 寸法線の作成

右図と同じような図形を描いた状態から始め
よう。

（1）全体寸法

① 「寸法 / 注釈」ツールセット 🖉 →「縦横
　寸法」├┤ を選択する。

② モードオプションの「標準寸法モード」
　├┤ を選択する。

③ 寸法をとるオブジェクトの端部をクリッ
　クする。

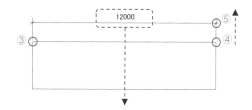

④ 寸法をとるオブジェクトのもう片方の端
　部をクリックする。

⑤ 引き出し線を描きたい方向にマウスをド
　ラッグし、適当な位置でクリックして寸法
　線を確定する。

（2）直列寸法

① 「寸法 / 注釈」ツールセット 🖉 →「縦横
　寸法」├┤ を選択する。

② モードオプションの「直列寸法モード」
　├┼┤ を選択する。

③ 寸法をとるオブジェクトの端部をクリッ
　クする。

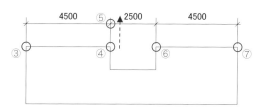

④ 寸法をとりたい次の端部をクリックする。

⑤ 引き出し線を描きたい方向にマウスをドラッグし、適当な位置でクリックして寸法線を確定する。

⑥ 寸法をとりたい次の端部をクリックすると、⑤で描いた寸法と同じ引き出し位置に寸法線と寸法が続いて描かれる。

⑦ 最後の端部でダブルクリックすると、終了となる。

🔍 point

◆引出線の規格と位置は「オブジェクト情報」の「寸法規格」および「オフセット」値の修正で変更できる。

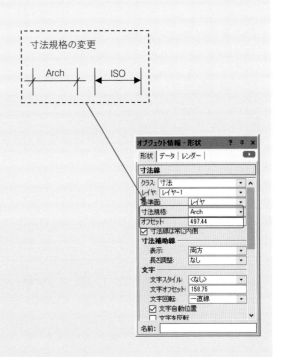

◆寸法に記される数値のサイズはメニューバーの［文字］でも変更できる。（フォントも同様）

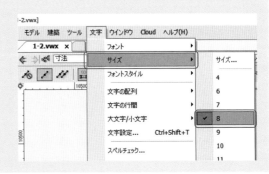

🔍 point

◆寸法の設定

寸法をカスタマイズしてみよう。

①メニューバー［ファイル］→「書類設定」
　→「ファイル設定...」を選択する。

②「ファイル設定」ダイアログの「寸法」タ
　ブを選択する。

③「寸法の規格」から カスタム...(U) を選
　択する。

④「寸法のカスタマイズ」ダイアログから
　新規(N) を選び、「名称設定」ダイアログ
　で寸法規格の名前を「寸法A」（子寸法）
　とし、OK を押す。

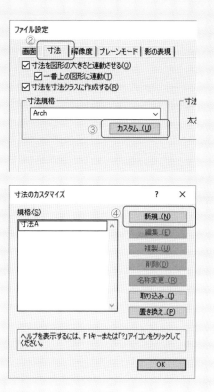

⑤編集(E) を押し、「カスタム寸法規格の編
　集」のダイアログを表示させ、「寸法補助
　線の長さを固定」にチェック ☑ をつけて
　「0.3、0、0、25」と設定する。

⑥「直線のマーカー」から ● ∨ の下矢印
　を押して「マーカーを編集...」を選択する。

◆同様に、「寸法B」（親寸法「0.3、0、0、5」）
　も作成しておくとよい。

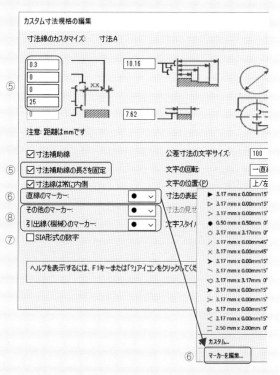

⑦「マーカーを編集」のダイアログから、「●」を選び、編集（E）をクリックして、「マーカー編集」で、長さ0.5、幅0.5と設定しOKを押す。

◆ 0.5と入力すると、画面では0.501と表示される場合がある。

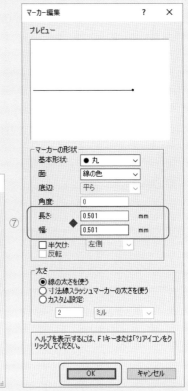

⑧「カスタム寸法規格の編集」に戻り、「●」を選ぶ。「その他のマーカー」、「引き出し線（機械）のマーカー」もともに「●」を選択し、OKを押す。

⑨「寸法 / 注釈」ツールセット → 「縦横寸法」 をクリックし、ツールバーの「寸法規格」からプルダウンでカスタマイズした寸法（AまたはB）を選択して、寸法線を描く。

⑩ 描いた寸法を選択して、オブジェクト情報を確認する。引き出し線のオフセットを、寸法Aの場合は2500、寸法Bの場合は500に変更する。

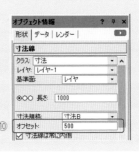

（3）円寸法

①「寸法 / 注釈」ツールセット 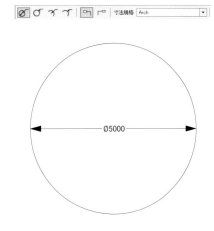 →「円寸
法」⊘ を選択する。

② ターゲットの円を選択すると、寸法線が表
示されるので、寸法線の位置を決めて、ク
リックし確定する。

⌀5000

（4）角度寸法

①「寸法 / 注釈」ツールセット 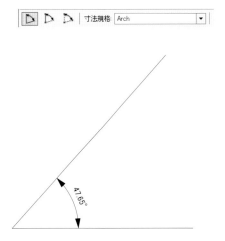 →「角度
寸法」⊳ を選択する。

② 示したい角度を作る線をひとつずつ選択
すると、寸法線が表示されるので、寸法線
の位置を決めて、クリックし確定する。

47.65°

12 文字の挿入

（1）文字の挿入

「文字」クラスを作成し、アクティブにする。
属性）面スタイル：なし、に設定しておく。

  ① 基本パレットの「文字」ツール **T** をク
    リックする。

  ② 文字を描きたい場所でクリックすると、
    枠が表示され、文字入力が可能となる。

  ③ 他の入力位置でクリックするか、別コマ
    ンドを選択することで、1回の入力が終了
    する。

（2）文字の修正

（文字の一部追加・一部削除・書き換え）
  ① 基本パレットの「文字」ツール **T** をク
    リックする。

  ② 書き換えたい文字をクリックすると、入
    力枠が表示され、文字の一部追加削除、書
    き換えが可能となる。

（文字設定の変更）
  ① 基本パレットの「セレクション」ツール
    で修正したい文字をクリックする。

  ② オブジェクト情報パレットに文字の情報
    が表示されるので、設定値を書き換える。

  ◆ 部分的に設定変更したい場合は、「文字」
    ツールで変更する部分のみドラッグし、オ
    ブジェクト情報パレットから設定変更する。

2D 操作の基本で学んだ操作技術を使って、図面枠と基準線を作成しよう。

☑ ready

2-2-04 で作成した「hagy house_step4.vwx」を開き、別名保存で「hagy house_step5.vwx」として保存してから以下の作業を行う。

（1）図面枠の作成

以下の指示に従い、右図（詳細は次頁を参照）に倣って図面枠を作成しなさい。

・アクティブクラスを「図面枠」とする。

・文字のフォント：MS ゴシック（任意）
・文字サイズ
　：タイトル　12 ポイント
　　図面名・学籍番号・氏名　11 ポイント
　　その他　7 ポイント

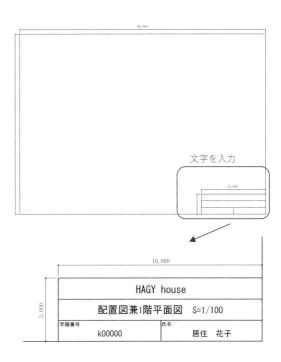

HAGY house	
配置図兼1階平面図　S=1/100	
学籍番号　　k00000	氏名　　居住　花子

（2）基準線の作成（1、2F）

以下の指示に従い、敷地境界線、道路境界線、1F および 2F 基準線を P.45 の配置図兼 1 階平面図を参照しながら作成しなさい。

・レイヤは「2D1F 図面レイヤ」とする。
・線種・線色の指定は P.20「クラスの設定と編集」を参照

🔍 point

◆基準線は、同位置コピー Ctrl ＋ D キーや移動 Ctrl ＋ M キーで作成する（Mac の場合は、command ＋ D キー、command ＋ M キー）。
◆基本パレットの「切断」ツール を選択し、線上でクリックすると、その位置で線が切断されるので、長さの加工ができる。

🔍 point

◆基準線に通り芯番号を作成する場合

① 「通り芯番号」クラスを作成する。（「面」スタイル：なし、「線」スタイル：カラー、色：黒、太さ：0.13）

② 「寸法 / 注釈」ツールセット 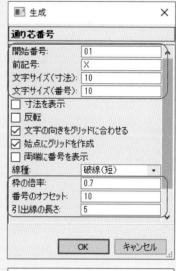 →「通り芯番号」 ❖ を選択する。

③ ツールバーの「通り芯番号ツール設定」 ✎ をクリックし、「プロパティ」ダイアログを開き、右図のように設定し、OK をクリックする。

    開始番号：01
    前記号：X （Y 軸の際は　Y）
    文字サイズ：10
    ◆基準線の下側および右側に配置するときは、「反転」にチェックを入れる。
    枠の倍率：0.7
    番号のオフセット：10
    引出し線の長さ：5

④ 基準線の端点を全てクリックし、最後の基準線上でダブルクリックで終了する。

◆通り芯を選択したまま、メニューバー［加工］→「グループ解除」を選択すると、番号途中の通り芯を消去で抜いたり、番号を書き換えることができる。

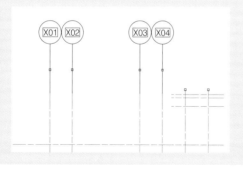

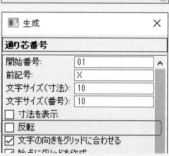

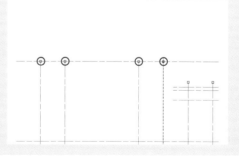

配置図兼1階平面図作成用基準線（参考となる各種図面は巻末折図に掲載しています。）

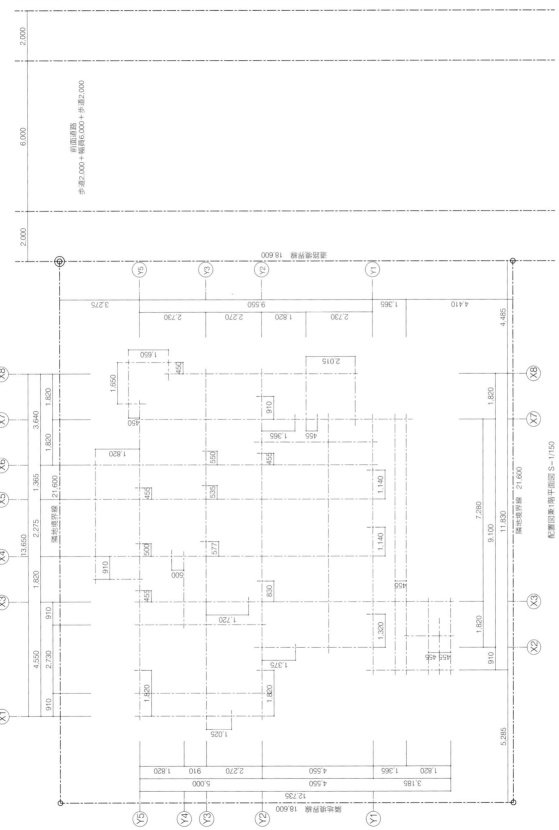

配置図兼1階平面図 S=1/150

2 階平面図作成用基準線

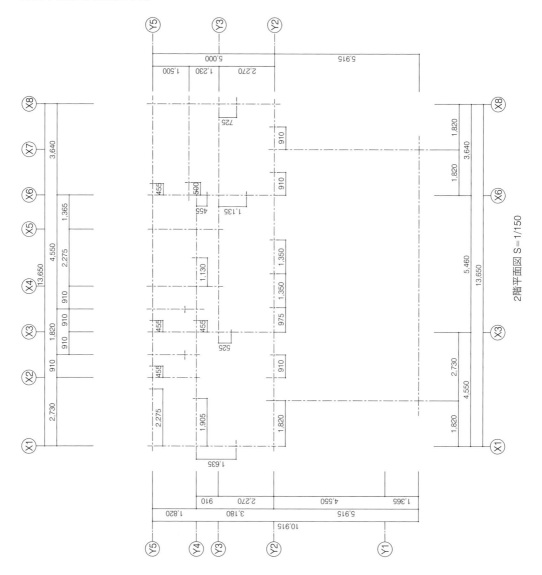

2階平面図 S＝1/150

3 3D コマンドで建築図面を描く

1 ▶ 壁・柱・建具の作成

3D パーツを用いて建物を立体的に作成しながら、2D 建築図面も同時に作成しよう。

01 柱と壁の作成

house step6

✓ready

◆ 2-2-13 で作成した「hagy house_step5. vwx」を開き、別名保存で「hagy house_ step6. vwx」として保存しておく。

◆以下のデザインレイヤを作成しておく
  ＊P.19「デザインレイヤの設定と編集」を参照
（指定のない箇所はデフォルトのままでよい）

3D2F 屋根レイヤ	前後関係：(K)：1	
	高さ (Z)：(E)：5,700	
3D2F レイヤ	前後関係：(K)：2	
	高さ (Z)：(E)：3,300	
3D1F 屋根レイヤ	前後関係：(K)：3	
	高さ (Z)：(E)：3,300	
3D1F レイヤ	前後関係：(K)：4	
	高さ (Z)：(E)：600	
3D 基礎レイヤ	前後関係：(K)：5	
	高さ (Z)：(E)：0	
3D 外構レイヤ	前後関係：(K)：6	
	高さ (Z)：(E)：0	
2D2F 図面レイヤ	前後関係：(K)：7	
	高さ (Z)：(E)：0	
2D1F 図面レイヤ	前後関係：(K)：8	
	高さ (Z)：(E)：0	
2D 外構レイヤ(配置図用)	前後関係：(K)：9	
	高さ (Z)：(E)：0	

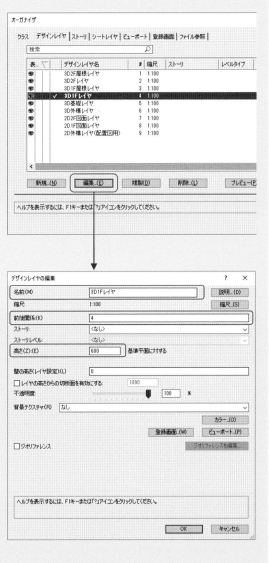

◆以下のクラスを作成しておく
＊P.20「クラスの設定と編集」
を参照
（指定のない箇所はデフォルト
のままでよい）
「柱」クラスを作成する。（「面」
スタイル：カラー、色：黒、不
透明度：40％、「線」スタイ
ル：カラー、色：黒、太さ：0.35)
「壁」クラスを作成する。（「面」
スタイル：カラー、色：薄灰、
不透明度：60％、「線」スタイ
ル：カラー、色：黒、太さ：0.50)

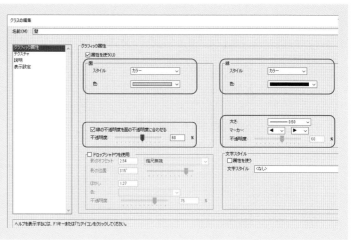

(1) 柱の作成 (1F に柱を作成する)

① アクティブデザインレイヤを「3D1F レイヤ」
にする。

② アクティブクラスを「柱」にし、「建物」ツ
ールセット 🏠 →「柱」🔦 を選択する。

③ ツールバーの「柱ツール設定」🔧 を選択す
る。シンプルな四角柱（H2,700）を描きたい
場合は、以下のように設定する。

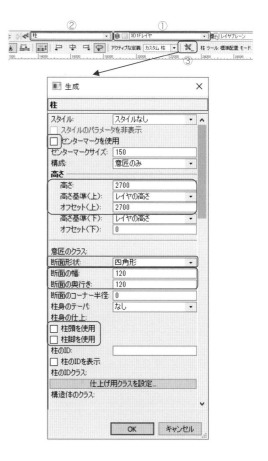

センターマーク	：チェックをはずす
高さ	：2,700
高さ基準（上）	：レイヤの高さ
オフセット（上）	：2,700
断面形状	：四角形
断面の幅	：120
断面の奥行き	：120
柱頭	：チェックをはずす
柱脚	：チェックをはずす

◆初回設定以降、チェックを外した項目が省略
されるなどして表示項目が変わる。

④ 配置図兼1階平面図（巻末折図）を参照して、
必要な位置（基準線の交点）でクリックする。

⑤ 交点を中心に回転するので、適切な角度を決
めて再度クリックし、確定させる。

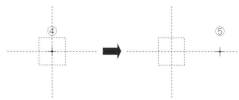

◆描画した柱を 3D で確認しよう。確認するには、「ビュー」を「2D/平面」以外に変える。P. 53「3D 表示で確認する」を参照

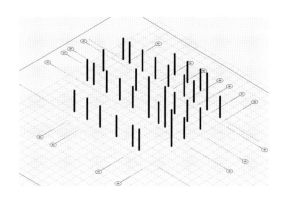

（2）壁の作成（1F の壁を作成する）

① アクティブデザインレイヤは「3D1F レイヤ」のままにする。

② アクティブクラスを「壁」にする。

③「建物」ツールセット 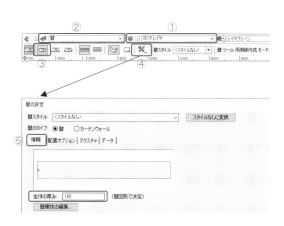 → 「壁」 を選択し、ツールバーから「両側線作成モード」 を選択する。

④ ツールバーの「壁ツール設定」 を選択する。

⑤「壁の設定」ダイアログの「情報」タブをクリックし、「全体の厚み」：180（壁厚）を設定する。

⑥「配置オプション」タブより以下の設定を行う。

    高さ　：2,700（巻末断面図に従う）
    端部　：両方
    クラス：壁

⑦ 基準線に沿ってクリックで描き始め、ダブルクリックで終了する（他の壁と結合するときは、クリックで終了する）。

⑦ 開始　　　　　　　⑦ 終了

⑧ 配置図兼 1 階平面図（巻末折図）を参照して全ての 1 階の壁を描く。

◆赤線で囲まれた箇所は、壁の高さ 4,100 で
描くこと。なお、その他の 1F 壁の高さは、
すべて 2,700 とする。

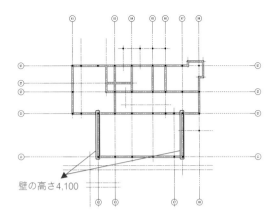

壁の高さ4,100

◆描画した壁を 3D で確認しよう。確認する
には、「ビュー」を「2D/ 平面」以外に変える。
＊ P. 53「3D 表示で確認する」を参照

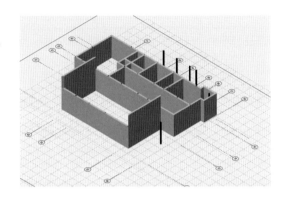

🔍 point

◆壁同士が自動的に結合しなかった場合、「建
物」ツールセット 🏠 →「壁結合」🔧 で結
合させることができる。

☑ready

適当な大きさの壁を一つ描いてから以下の作業をしよう。

（3）壁の高さを部分的に変更する

壁の高さは作成後でも、オブジェクト情報上で変更できるが、一部分だけを高くしたり低くしたりする場合、「変形ツール」を用いる。

① 変形したい壁を選択し、その壁の形状がわかる側面が現れるような 3D ビューにする。（例：東側の外壁であればビューで「右」を選択する。）

② 基本パレットの「変形」ツール 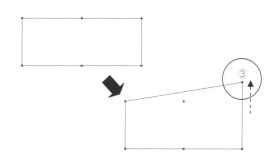 を選択する。

③ 選択ハンドルの上にカーソルを合わせ、両矢印のカーソルに変わったら、指定したい場所でクリックする。

（4）壁に頂点を追加する

① 変形したい壁を選択し、その壁の形状がわかる側面が現れるような 3D ビューにする。（例：東側の外壁であればビューで「右」を選択する。）

② 基本パレットの「変形」ツール をクリックし、「3D の壁の頂点追加モード」+ を選択する。

③ 角にある頂点の１つにカーソルを合わせ、クリックする。

④ カーソルが矢印の両脇に網掛けボックスのある矢印に変わったら、マウスを動かして指定した位置でクリックする。

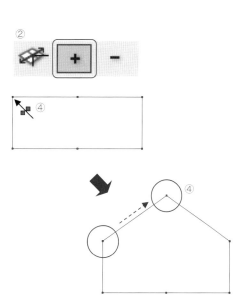

基礎と 2F の壁を 3D で作成しよう。

☑ **ready**

3-1-01 で作成した「hagy house_step6.
vwx」を開き、別名保存で「hagy house_
step7. vwx」として保存してから以下の作業
を行う。

（1）基礎の作成

以下の指示に従い、1F 基準線に沿って（1F 壁
と同じ位置）に壁ツールを用いて基礎を描きな
さい。

・アクティブデザインレイヤを「3D 基礎レイヤ」
・アクティブクラスを「壁」とする。
・壁の高さを 600 とする。

◆右図において、線で囲まれた箇所は、壁の
高さを以下の数値にすること。
　赤線　　：壁の高さ 500
　赤点線：壁の高さ 400

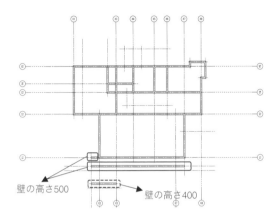

壁の高さ 500　　　　　壁の高さ 400

（2）2F 壁の作成

以下の指示に従い、2F 基準線に沿って、壁ツー
ルを用いて 2F 壁を描きなさい。

・アクティブデザインレイヤを「3D 2F レイヤ」
・アクティブクラスを「壁」とする。
・壁の高さを 2,400 とする。

◆右図において、線で囲まれた箇所は、壁の
高さを以下の数値にすること。
　赤一点鎖線：壁の高さ 3,950

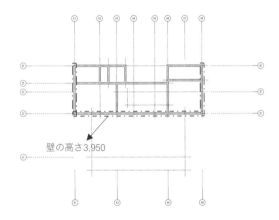

壁の高さ 3,950

🔍 point

◆基礎レイヤ、1F レイヤ、2F レイヤにおいて描
画した、すべての柱・壁を、3D で確認しよう。
確認するには、「ビュー」を「2D/ 平面」以外
に変える。
＊ P. 53「3D 表示で確認する」を参照

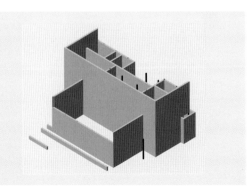

03 3D表示で確認する

ここまで作成した柱と壁を3D表示で確認しよう。

✓ready

3-1-02で作成した「hagy house_step7. vwx」を開いて、確認してみよう。

アクティブレイヤ　現在のビュー　投影の方法　レンダリング

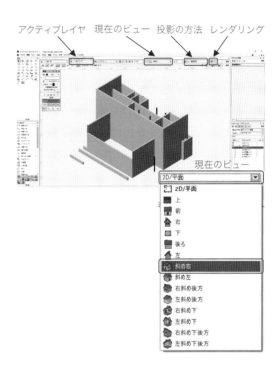

現在のビュー

(1) ビューの変更

メニューバー［ビュー］→「ビュー」より、
上・前・右・下・斜め右・斜め左 等、表示の向
きを変更することができる。また、「投影の方
法」より、垂直投影・透視投影（望遠・標準・
広角）などの投影方法を選択できる。
表示バー「現在のビュー」からも選択、変更で
きる。（右図は「斜め右」とし、レンダリング
をかけたもの。）
＊P. 55「レンダリングの種類」を参照

🔍 point

◆表示バー「マルチビューウィンドウ」をクリッ
クすると、1画面→4画面に変わり、それぞれ
の画面で表示を変えて、4方向からの確認がで
きる。再度クリックすると、1画面に戻る。

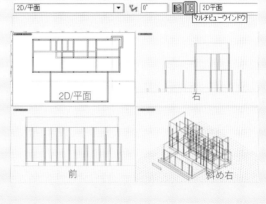

◆基本パレットの「フライオーバー」ツール
を選択し、左クリック長押ししたままマウス
を動かすと、現在のビューを自由に変更する
ことができる。（現在のビューは「カスタム」
表示になる。）

3

3Dコマンドで建築図面を描く

🔍 point

◆ビューの「上」表示と、「2D/平面」表示を間
違えないこと。一見同じように表示されてい
るが、「上」は3D表示なので、平面作業がで
きない。

◆すべてのレイヤを合わせて（重ねて）3D表示
できない場合は、メニューバー［ビュー］→
「統合ビュー」にチェックを入れてビューの変
更を行うこと。デフォルトでは統合ビューに
チェックが入っている。

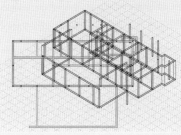

統合ビューにチェックを入れていない状態

◆「統合ビュー」にチェックが入っていない時は、
アクティブレイヤのみ、ビュー表示が変更さ
れるので注意すること。

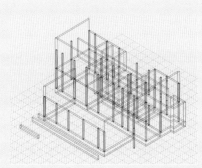

統合ビューにチェックを入れた状態

◆作業中に、クラス・レイヤがすべて編集可であ
るにも関わらず、"スナップ"ができない場合
は、レイヤが2D表示に戻っていないことが考
えられる。アクティブレイヤのプルダウンか
ら、すべてのレイヤが2D表示に戻っているか
を確認しよう。

アクティブレイヤのプルダウンを確認！

（2）レンダリングの種類

メニューバー［ビュー］→「レンダリング」より、OpenGL・RW-簡易・RW-仕上げ・VW-シェイド等のレンダリングを行うことができる。表示バーから選択することもできる。

🔍 point

◆他のレイヤ・クラスは「表示」にしておくこと。アクティブレイヤのみのレンダリングになり、グレイ表示のレイヤは、右図のように半透明になる。

◆特に指定がない場合は、「OpenGL」を用いて、レンダリングの確認をしよう。

◆高品位なレンダリング結果を得たい場合は、「RW-仕上げレンダリング」を用いる。

◆レンダリング確認後は、必ず「レンダリング」を「ワイヤーフレーム」に、「ビュー」を「2D/平面」に戻すこと。

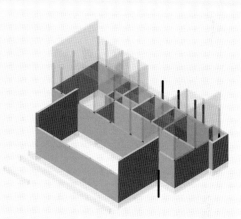

（1Fレイヤを表示＋他のレイヤをグレイ表示の場合）

◆画面登録：レンダリングとカスタム表示を組み合わせて、表示状態の再現が難しい場合は、画面を登録し、呼び戻すことができる。

　・登録したいアングル表示のままで、メニューバー［ビュー］→「画面を登録...」を選択する。
　・ダイアログで登録画面の名前（画面登録1）、レイヤ・クラスの表示状態を設定しOKする。ここで登録が完了する。
　・呼び戻す時は、「ウィンドウ」→「スクリプトパレット」→「登録画面」を選択し、表示されたダイアログ内の登録時の名前（画面登録1）をダブルクリックする。

画面の登録　　　　　　　　　　　　　　　　　登録画面の呼び戻し

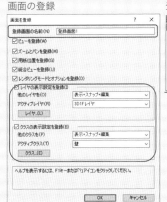

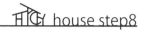

作成した壁に建具を挿入しよう。

☑ready

◆ 3-1-02 で作成した「hagy house_step7. vwx」を開き、別名保存で「hagy house _step8. vwx」として保存しておく。

◆「建具」クラスを作成する。（「面」スタイル：カラー、色：茶、不透明度：50%、「線」スタイル：カラー、色：灰、太さ：0.25）

◆基準線を見せるため、壁が透明化（60%）されているかを確認する。

◆ 3D1F レイヤをアクティブにして、その他レイヤの設定を確認すること。

　　　　他のクラス：表示＋スナップ＋編集
　　　　他のレイヤ：表示＋スナップ

（1）窓の挿入

「建物」ツールセット 🏠 →「窓」⊞ を選択し、ツールバーの「壁ツール設定」 ✂ をクリックする。窓設定ダイアログで窓の形状その他の詳細を設定する。

①「一般」ペインで、形式、窓の大きさ（幅・高さ）と設置高さの変更を行う。

> 窓の（上部の）形状＝全体の形
>
> 形式＝　　　　　窓の開きのタイプ
> 表示内容＝　　　建具の幅の計測基準
> 　　　　　　　　（◆部材外寸を選択すること）
> 幅＝　　　　　　建具の幅
> 高さ＝　　　　　建具の高さ
> 高さ位置の調整＝　高さ位置基準からのオフセット
> 高さ位置の基準＝　高さ位置の調整の値は、窓のどこを基準とするか

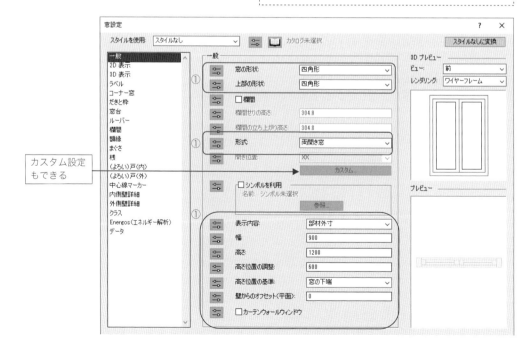

② 「3D 表示」ペインで、扉の開閉状態の設定
を行う。

3D 時に開くにチェック ✓ を入れる
開き角度　　　：90（度）

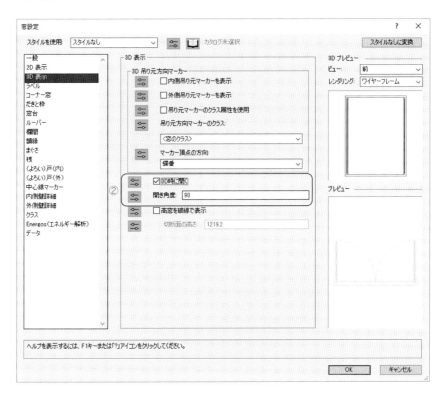

🔍 point

◆引き違い窓のときは、「3D 時に開く」のチェッ
クを外し、開き角度を 0°にしておかないと、
平面図を表示するとき、開いたまま表示され
てしまうので注意する。

3D 時に開く
チェック有
角度：90°

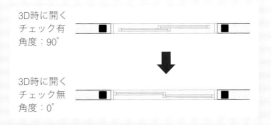

3D 時に開く
チェック無
角度：0°

③ 「だきと枠」ペインで、だきの奥行きを「壁
の厚みに合わせる」にチェック ✓ を入れて、
OK ボタンを押す。

④ 対象となる壁にカーソルを沿わせてクリ
ックする。（壁に挿入される）。

⑤ 建具の向きを、カーソルで（左右、上下動
　かして）確認し、クリックで決定する。

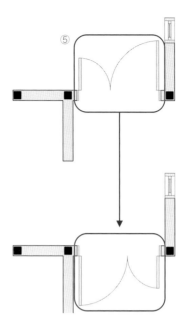

point

◆ 挿入した建具を選択し、オブジェクト情報の
　形状タブに「窓（壁に挿入）」の表示が出てい
　ることを確認すること。（窓に挿入）の表示は、
　3D図形として壁に貫入していることを示す。
　また、どのレイヤ、クラスに作成されているか
　も確認する。ここでレイヤやグループを変更
　することもできる。

◆ 窓設定の「一般」ペインの設定内容が表示され
　る。ここで数値や設定を変更することができ
　る。

◆ 窓設定の「表示」ペインの設定内容が表示され
　る。「3D時に開く」としておくと、窓が開いた
　状態で表示される。平面図の取り出しを行う
　際、気をつける。開き戸の場合はチェックを
　入れ、引き戸や引き違い窓などの場合は、この
　チェックを外しておく必要がある。

（2）扉の挿入

「建物」ツールセット  →「ドア」 🚪 を選択
し、ツールバーの「ドアツール設定」 ⚒ をク
リックする。ドア設定ダイアログでドアの形状
その他の詳細を設定する。

表示内容＝	建具の幅の計測基準
	（◆部材外寸を選択すること）
幅＝	建具の幅
高さ＝	建具の高さ

①「一般」ペインで、ドアの大きさ（幅・高
さ）の設定、形式の変更を行う。

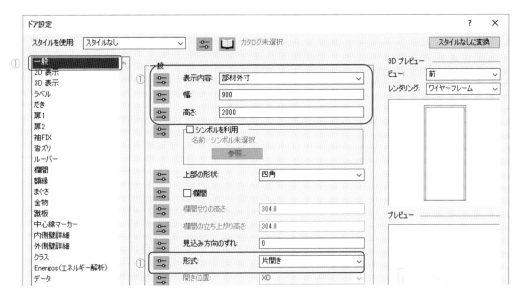

②「3D 表示」ペインで、扉の開閉状態の設定
を行い、OK ボタンを押す。

「3D 時に開く」にチェック ☑ を入れる
開き角度 ：90（度）

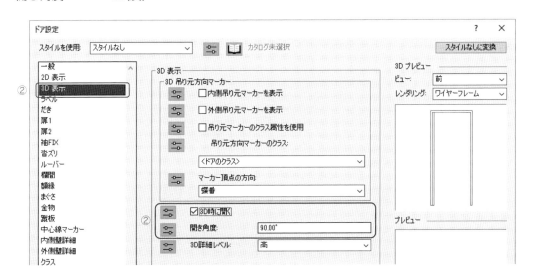

③ 対象となる壁にカーソルを沿わせてクリックする。（壁に挿入される）

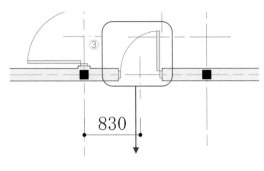

④ 建具の向きを、カーソル（左右、上下動かして）確認し、クリックで決定する。

◆枠タイプで「枠のみ」を選択すると、扉なしの開口が作られる。

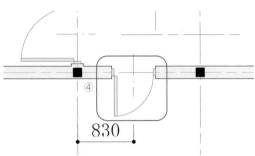

🔍 point

◆リソースマネージャにおけるリソースライブラリ

Vectorworks では、ツールセット以外にも多くの種類の建具がリソースライブラリの中から使用できる。また、リソースライブラリはリソースマネージャの（左側にある）ファイルブラウザペインをクリックすることで、簡単にアクセスできる。頻繁に使用するライブラリはファイルを右クリックし、「選択したファイルをお気に入りとして登録」を選択すると、ファイルが「お気に入り」に保存される。

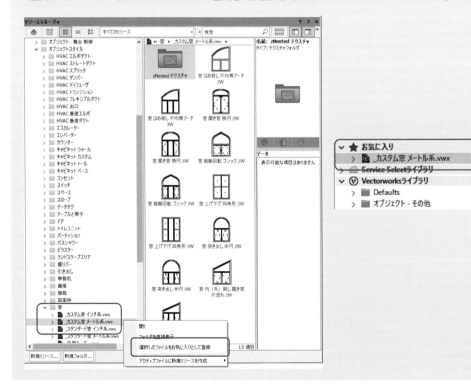

1Fと2Fの壁に建具を挿入しよう。

☑ ready

3-1-04 で作成した「hagy house_step8. vwx」を開き、別名保存で「hagy house_step9. vwx」として保存してから以下の作業を行う。

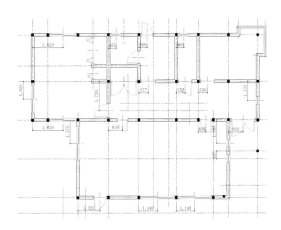

（1）1F 建具の挿入

以下の指示に従い、配置図兼1階平面図（巻末折図）を参照し、建具ツールを用いて1階の壁に建具を挿入しなさい。

- ・アクティブデザインレイヤを「3D1Fレイヤ」
- ・アクティブクラスを「建具」とする。
- ・建具のサイズは配置図兼1階平面図（巻末折図）を参照する。

🔍 point

完成したら、3D表示にして右図のようになっているか確認しよう。

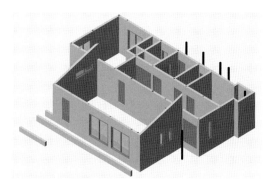

（2）2F 建具の挿入

以下の指示に従い、2階平面図（巻末折図）を参照し、建具ツールを用いて2階の壁に建具を挿入しなさい。

- ・アクティブデザインレイヤを「3D2Fレイヤ」
- ・アクティブクラスを「建具」とする。
- ・建具のサイズは2階平面図（巻末折図）を参照する。

🔍 point

完成したら、3D表示にして右図のようになっているか確認しよう。

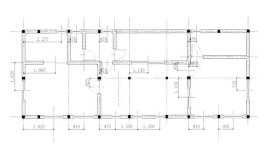

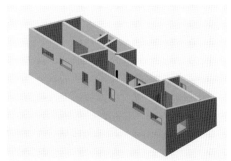

3

3Dコマンドで建築図面を描く

（3）コーナーサッシの挿入

窓ツールのコーナー窓で、1F コーナーサッシ（FIX 窓）を描く。

☑ ready

「コーナーサッシ」クラスを作成する。（「面」スタイル：カラー、色：白、不透明度：50%、「線」スタイル：カラー、色：灰、太さ：0.25）

① 「建物」ツールセット 🏠 →「窓」田 を選択し、ツールバーの「窓ツール設定」✖… をクリックする。

② 窓設定ダイアログで「コーナー窓」ペインを選択し、以下の設定を行う。

　　・「コーナー窓」にチェック ☑ を入れる
　　・「壁の長さに合わせる」のチェックを外す
　　・コーナーの状態 ： FIX ガラス

③ 「一般」ペインで、窓サイズや高さを設定する。

　　・表示内容　　　：部材外寸
　　・幅　　　　　　：1,600
　　・高さ　　　　　：900
　　・高さ位置の調整：1,200
　　・高さ位置の基準：窓の下端

④ 壁の基準線でクリックして設置する。縦横同様に行う。

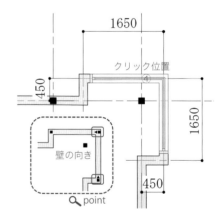

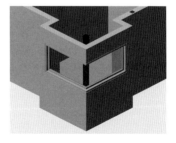

🔍 point

◆ クリック位置は、コーナーに近い箇所のほうがよい。
◆ コーナー窓を挿入する壁の向きが一致していない場合は、向きを揃えておくこと。

point

コーナー方立の場合、コーナー窓の設定で、以下
の設定を行う。

      コーナーの状態：コーナー方立

      コーナー方立

      ・サイズ　　＝方立の１辺の長さ

      ・オフセット＝中心からのずらし幅

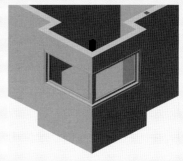

point

◆コーナーサッシの作成

窓ツールに形式が見当たらない建具については、
柱状体を用いて作成する。

① 「コーナーサッシ」クラスをアクティブクラ
スにする。

② 1F のコーナーサッシを作成する壁の高さを
1,200 に変更する。

③ 壁の中央部分に、右図の寸法を参考にして
四角形を２つ描く。

④ メニューバー［加工］→「貼り合わせ」で
③の２本をつなぎ合わせる。

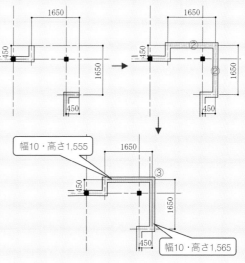

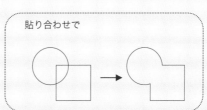

貼り合わせで

3

3Dコマンドで建築図面を描く

⑤ メニューバー［モデル］→「柱状体...」より、奥行：900 を設定。

◆ガラスを表現するには、柱状体のオブジェクト情報「レンダー」タブ内の「テクスチャ」において、ガラスを選択するとよい。

⑥ メニューバー［加工］→「移動」→「モデルを移動...」より、Z方向：1200 を設定。

⑦ コーナーサッシを作成した壁と同じ位置に、高さ2100 の位置から、壁の高さ 500 の壁を作成する。

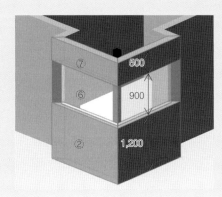

<img src icon> point

◆八角星型窓の作成

① ビューを「前」にして、2つの正方形を45°の傾きで重ね、メニューバー［加工］→「貼り合わせ」を選択し、八角星型図形を作成する。

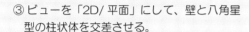

② ビューを「前」にしたままで、メニューバー［モデル］→「柱状体...」に進み、八角星型の「柱状体」を作成する。

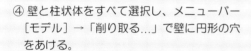

③ ビューを「2D/平面」にして、壁と八角星型の柱状体を交差させる。

④ 壁と柱状体をすべて選択し、メニューバー［モデル］→「削り取る...」で壁に円形の穴をあける。

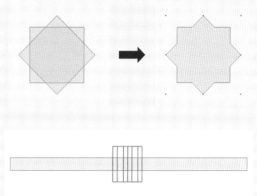

⑤ 「柱状体」で八角星型と同じサイズのガラスを作成し、ビューの「2D/平面」や「前」を見ながら、壁に配置する。

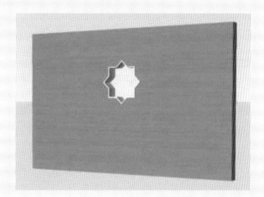

◆柱状体で削り取られた壁は、属性が変わり「切り欠き図形」となり、壁としての扱いではなくなるので注意する。
　→建具挿入や屋根作成に影響があるため、後から削り取るほうがよい。

◆ガラスを表現するには、柱状体のオブジェクト情報「レンダー」タブ内の「テクスチャ」において、ガラスを選択するとよい。
　＊P.116「テクスチャマッピング」を参照

◆枠を表現する場合は、別に柱状体で作成する。

◆建具ツールで表現できない建具は、「Vectorworks ライブラリ」から探すか、建具ツールの「カスタム作成」で作成、または、「柱状体」で作成する。

よく使う建具をシンボルとして登録しておこう。

① 対象となる図形を選択する。

② メニューバー［加工］→「シンボル登録...」
　　を選ぶ。

③ 名前を付け、以下のように設定をする。

　・挿入点　　　：プラグインオブジェクト
　　　　　　　　　の原点(O)
　・シンボル単位：寸法に合わせる
　・挿入位置　　：壁の中心
　・その他　　　：プラグインオブジェクト
　　　　　　　　　に変換

🔍 point

同じ名称のシンボルは、全て連動しており、
一つを形状変更すると、残り全ても自動的
に変更してしまう。それを避けるため、プ
ラグインオブジェクトとして配置されるよ
うにしておく。

④ シンボル登録ダイアログにフォルダが表
　　示される。フォルダがない場合は、「新規
　　フォルダ...(N)」をクリックし、「新規シン
　　ボルフォルダ」ダイアログ内でフォルダ名
　　を作成する。

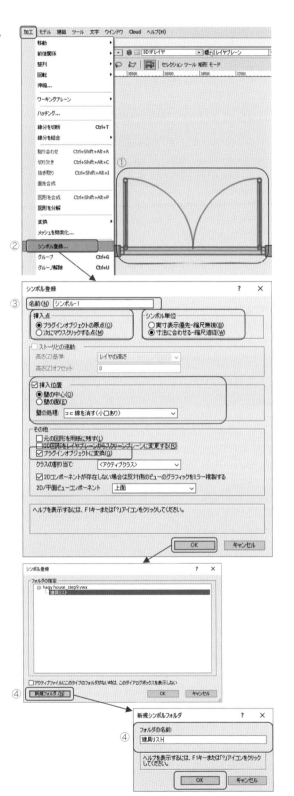

⑤ 登録が完了すると、リソースマネージャに
（メニューバー［ウインドウ］→「パレッ
ト」→「リソースマネージャ」から呼び出
せる）表示される。
リソース内で「シンボル / プラグインオブ
ジェクト」となっていることを確認する。

⑥ 登録した建具を再度使用する時は、ダブル
クリックで呼び戻す。

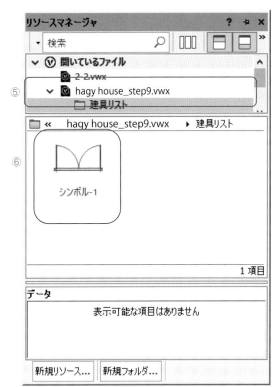

 point

シンボル登録は、現在のファイルにおいての
み保管される。別ファイルで作業しながら、
このシンボルを挿入したければ、リソースマ
ネージャから当該ファイル名を選び、希望の
オブジェクトを選択して使うこと。

point

◆素材の取り込み方

① メニューバー［ウィンドウ］→「パレッ
ト」→「リソースマネージャ」を選択す
る。

② ファイルブラウザ内に「Vectorworks ラ
イブラリ」フォルダが表示される。この
中から使いたいデータを１つ選んで開く。

◆データは 19 のフォルダに分類され、
各々の下に複数個のデータファイルが
ある。

③ 選択したファイル名とともに、右のブラ
ウザ BOX 内にシンボルが表示される。

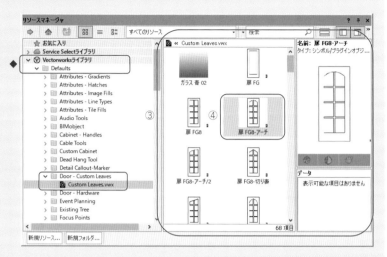

④ 1つ選んでダブルクリックし、図面上に
配置する。

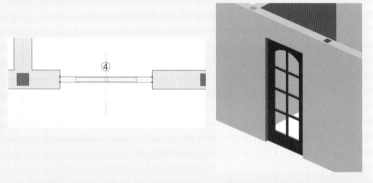

◆ダブルクリックで選択したシンボルの
み、「開いているファイル」に保存され
る。

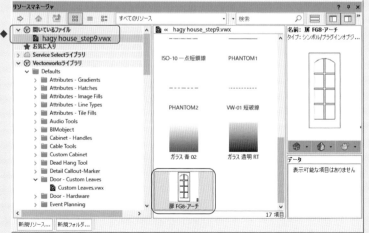

2 ▸ 床・階段・天井の作成

3Dパーツを用いて建物を立体的に作成しながら、2D建築図面も同時に作成しよう。

01 床の作成

HAGY house step10

✓ ready

3-1-05で作成した「hagy house_step9.vwx」を開き、別名保存で「hagy house_step10. vwx」として保存してから以下の作業を行う。

（1）床コマンドを使用する

① 「床」クラスを作成する。（「面」スタイル：カラー、色：薄茶、不透明度：50%、「線」スタイル：カラー、色：黒、太さ：0.05）

② ビューを「2D/平面」にする。

③ 床を配置したい場所に多角形などを用い、壁の内側を囲む。

④ 作成した図形を選択し、メニューバー［建築］→「床...」を選択する。

⑤ 「床の設定」ダイアログボックスに、高さ：－150、厚み：150を入力する。

　・高さ＝床が作成される基準平面からの距離
　・厚み＝床の厚さ

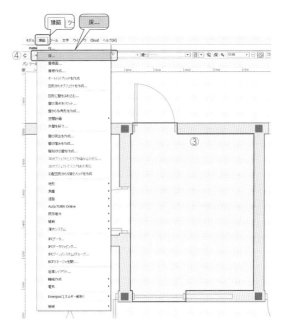

🔍 point

この「床...」コマンドで、デッキ、テラス、ステージ、ロフトなども作成できる。

🔍 point

建築機能を持たないVectorworksライセンスの方は、床の部位を2D図形で囲み、アクティブにしてからメニューバー［モデル］→「柱状体...」を選択し、奥行きに厚みの寸法を入力することで作成できる。

3

3Dコマンドで建築図面を描く

（2）デッキの作成

① 幅（W）＝ 80、高さ（H）＝ 1,275 の長方形を作成する。

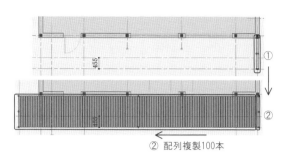

② メニューバー［編集］→「配列複製...」（X方向に－100）を用いて 100 本複製する。

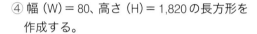

② 配列複製100本

③ 全ての長方形を選択しメニューバー［建築］→「床...」コマンドをクリック。高さ：－100、厚み：100 を入力する。

④ 幅（W）＝ 80、高さ（H）＝ 1,820 の長方形を作成する。

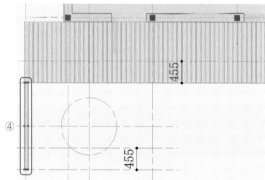

⑤ メニューバー［編集］→「配列複製...」（X方向に 100）を用いて 27 本複製する。

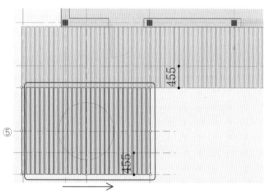

⑥ 全ての長方形を選択しメニューバー［建築］→「床...」コマンドをクリック。高さ：－200、厚み：100 を入力する。

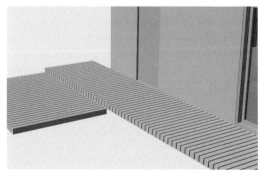

（3）デッキの編集（床に穴を開ける）

① 3D のデッキをダブルクリックし、編集画面に入る

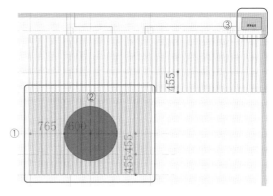

② デッキ上に切り取りたい図形を 2D で描く。

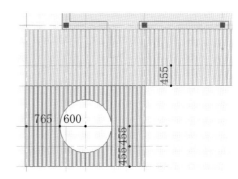

③ 床を出る をクリックし、編集状態から抜けると、穴が開けられる。

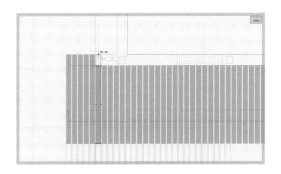

（4）デッキの編集（床のサイズを変更する）

① 3D のデッキをダブルクリックし、編集画面に入る

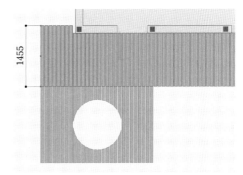

② リサイズカーソルで、変更したいデッキを伸縮させる。オブジェクト情報で、高さ（H）＝ 1455 に変更してもよい。

◆複数選択して伸縮させたい場合は、基本パレット「変形」ツール を用いること。

③ 床を出る をクリックし、編集状態から抜けると、変更が完了する。

🔍 point

◆ 2D 図形で編集する方法

① 編集したい図形の上に、切りとりたい形の図形を重ねて描く。（2D 図形）

② 全てを選択し、メニューバー［加工］→「切り欠き」を選択する。

③ 切り欠きしたい図形を選択し消去する。

④ 残った図形を選択しメニューバー［建築］→「床...」コマンドをクリック。高さ：－100、厚み：100 を入力する。

⑤ 切り欠き後の図形を 3D の床にして確認する。

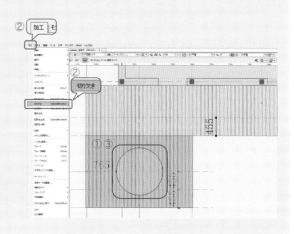

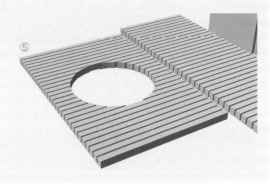

1F と 2F の全ての室に床を作成しよう。

以下の指示に従い、巻末の 1 階平面図、および 2 階平面図を参照し、床コマンドを用いて全ての室に床を作成しなさい。

☑ ready

3-2-01 で作成した「hagy house_step10. vwx」を開き、別名保存で「hagy house_ step11. vwx」として保存してから以下の作業を行う。
以下の（1）～（5）までの床は巻末の各階平面図および断面図から形状や高さを読みとろう。

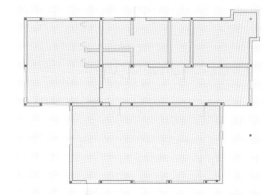

（1）1F 床の作成

- アクティブデザインレイヤを「3D 1F レイヤ」、アクティブクラスを「床」とする。
- 床の高さ：－150、厚み：150 とする。

（2）2F 床の作成

- アクティブデザインレイヤを「3D 2F レイヤ」、アクティブクラスを「床」とする。
- 床の高さ：－150、厚み：150 とする。

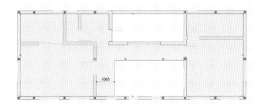

（3）2F デッキの作成

- アクティブデザインレイヤを「3D 2F レイヤ」とし、「デッキ」クラスを作成する。（「面」スタイル：カラー、色：茶、不透明度：50%、「線」スタイル：カラー、色：黒、太さ：0.05）

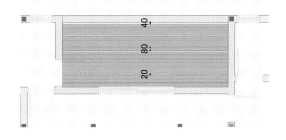

- 幅（W）：4370、高さ（H）：80 の長方形を外壁の内側から 40mm 離れた位置に作成し、「配列複製」（Y 方向に－100）を用いて 15 本複製する。

- 床の高さ：－100、厚み：101 とする。

（4）1F 北勝手口デッキの作成

・アクティブデザインレイヤを「3D1Fレイヤ」、アクティブクラスを「デッキ」とする。

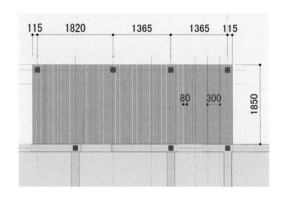

（5）玄関ポーチの作成

・アクティブデザインレイヤを「3D1Fレイヤ」とし、「ポーチ」クラスを作成する。（「面」スタイル：カラー、色：薄黄、不透明度：50%、「線」スタイル：カラー、色：黒、太さ：0.13）

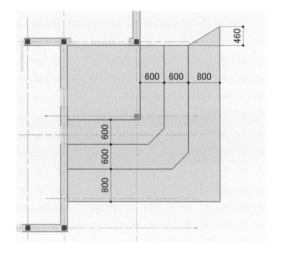

1階から2階に上がる階段を作成しよう。

☑ready

3-2-02で作成した「hagy house_step11. vwx」を開き、別名保存で「hagy house_step12. vwx」として保存してから以下の作業を行う。

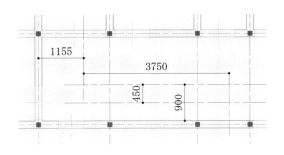

(1) 直階段（900×3,750）

① アクティブデザインレイヤを「3D1Fレイヤ」とし、「階段」クラスを作成する。
（「面」スタイル：カラー、色：濃茶、不透明度：50%、「線」スタイル：カラー、色：黒、太さ：0.25）

② 階段の位置に基準線を作成する。
踊り場基準線から3,750mm、壁の内側から450mmの位置

③「建物」ツールセット 🏠 →「階段」🦶 をダブルクリックする。

④「階段設定」ダイアログの「一般」タブを開き、[標準形式を選択]をクリックし、「階段構成の選択」ダイアログから、以下の形式を選択する。
・形式：直線、踊り場なし

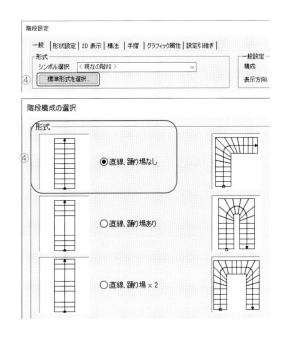

⑤ 引き続き「一般」タブより、形状設定の数値を入力する。
・値を指定：2700
・段板奥行き（G）：250
・蹴上げ（R）：180
・階段の幅：900

🔍 point

◆「形状設定」タブでも同様に、数値入力することができる。
◆ 変動させたくない値には、鍵マークをクリックすることで、ロック状態にすることができる。

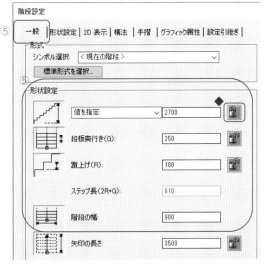

3

3Dコマンドで建築図面を描く

⑥「構法」タブを開き以下のように選択する。

　・構法形式：側板支持＿下部　２枚

⑦「構法」タブの右側で、構法設定を行う。

　・蹴込み板の厚み：チェックを外す
　・段鼻の出寸法　：チェックを外す

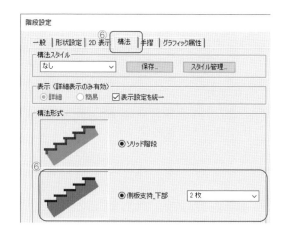

⑧「手摺」タブを開き、手摺スタイルを以下の
　ように選択する。

　・主手摺のみ-UK＿m 住宅用

⑨ 設定の適用で、［両側］のチェックを外し、
　［左手摺］にチェックを入れる。下側のパラ
　メータ内で詳細設定ができるので、主手摺、
　補助手摺ともに［なし］にする。

🔍 point
◆主手摺：なし　に設定するには、右側［主
　手摺を表示］のチェックを外すとよい。

⑩ ［右手摺］にチェックを入れ、パラメータ内
　にあるカテゴリの文字を一つずつクリック
　し、右側のダイアログで以下の設定を行う。

　▼主手摺
　　・位置　高さ：750、段上、オフセット：45
　　・上部手摺　矩形、45 × 60
　▼補助手摺
　　・位置　高さ：750、段上、オフセット：0
　　・上部手摺　矩形、30 × 30
　　・フレーム　パネル、幅　10
　　・柱　矩形 30 × 30、距離（目安）：750

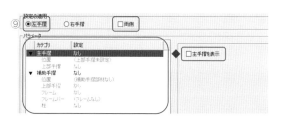

🔍 point
◆補助手摺の数値を入力するためには、右
　側［補助手摺を表示］にチェックが必要
　なので、気を付けること。

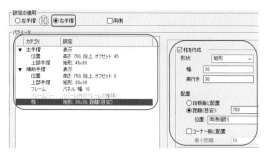

⑪「2D 表示」タブを開き、以下の設定を行う。

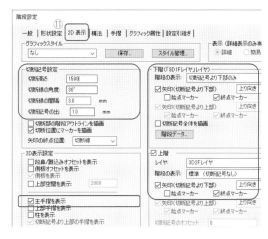

[切断記号設定]
・切断高さ：1500
・切断記号の出：1.0mm
[2D 表示設定]
・主手摺を表示　チェック ☑ を入れる
[下階（「3D1F レイヤ」レイヤ）]
・階段の表示　切断記号より下部のみ
・矢印（切断記号より下部）　上り向き
・始点マーカー　チェックを外す
[上階]　チェック ☑ を入れる
・レイヤ　3D2F レイヤ
・階段の表示　標準（切断記号なし）
・矢印（切断記号より下部）　上り向き
・始点マーカー　チェックを外す

◆［下階］階段の表示　切断記号より下部
　のみ　の設定を先に行うことで、［切断
　記号設定］が変更できるようになる。

⑫「グラフィック属性」タブにおいて、テクス
　チャの設定を行う。

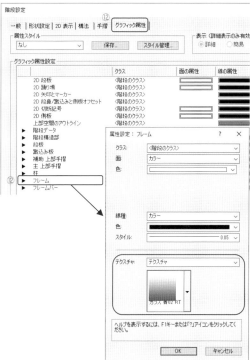

各項目をダブルクリックすると、「属性設
定」ダイアログが表示される。「テクスチ
ャ」のプルダウンでテクスチャを選択し、
下のプルダウン表示から、適切な素材を選
ぶ。

🔍 point

階段構造部のテクスチャは、クラスごとに
まとめて設定することもできる。

⑬ 階段を設置したい場所（中心）でクリック
　すると、設定した階段が表示される。
　方向を決定した所で再度クリックすると、
　1 回目のクリック位置を中心とした階段が
　設置される。

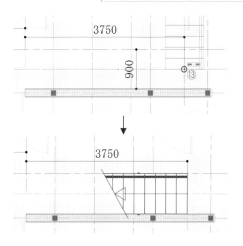

⑭ ２階の廊下に手摺を設置する。

「敷地計画」ツールセット 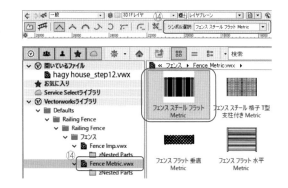 →「手摺 /
フェンス」 を選択。シンボル選択のプ
ルダウンより、以下をダブルクリックして
取り込む。

・「Vectorworks ライブラリ」→「Defaults」
　→「Railing Fence」→「Railing Fence」
　→「フェンス」→「Fence Metric. vwx」
　→「フェンス スチール フラット Metric」

⑮ 手摺 / フェンス設定をクリックして、「上
部手摺」ペインを選択し、以下の設定を行
う。

・断面形状：矩形
・幅：45　　高さ：60
・高さ：カスタムの高さ　750

⑯「支柱」ペインを選択し、以下の設定を行う。
　支柱
・断面形状：矩形
・幅：30　　高さ：30

・配置
・距離（目安）：750

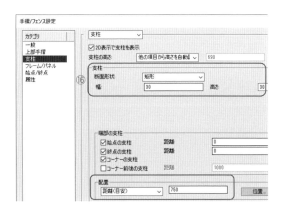

⑰「フレーム / パネル」ペインを選択し、以
下の設定を行う。

・フレームの種類：パネル
・幅：10

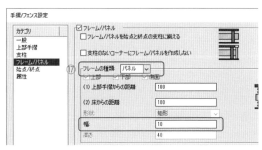

⑱「属性」ペインを選択し、テクスチャの設定を行う。

各項目をダブルクリックすると、「属性設定」ダイアログが表示される。「テクスチャ」のプルダウン内でテクスチャを選択し、下のプルダウン表示から、適切な素材を選ぶ。

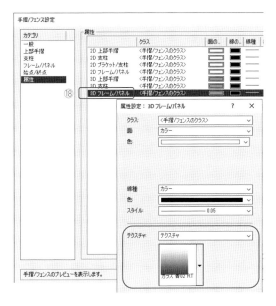

⑲ 全てのカテゴリにおける設定が終わったら、OK をクリックして、手摺を設置したい場所でクリックすると、線が表示される。方向と長さを決定してダブルクリックすると、手摺が設置される。

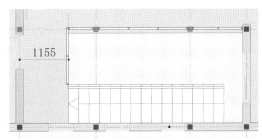

🔍 point

◆手摺は、メニューバー［建築］→「図形からオブジェクトを作成...」を使用しても、同様に設置することができる。
　＊P.157「図形からオブジェクトを作成」を参照

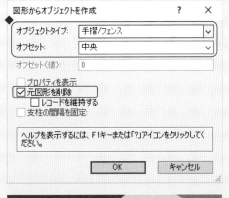

・設置したい箇所に、直線ツールや曲線ツールなどで 2 次元の図形を描く。

・図形を選択したまま、メニューバー［建築］→「図形からオブジェクトを作成...」に進み、ダイアログで以下を設定し、OK を押す。

　　・オブジェクトタイプ：手摺 / フェンス
　　・オフセット：中央
　　・元図形を削除：チェックを入れる

・オブジェクト情報「形状」タブの「詳細設定」ボタンより、「手摺 / フェンスの設定」を行う（⑭から⑱を参照）。

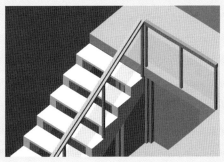

(2) U字階段（1,980×2,400）

① 右図のように、階段幅90、壁厚180、段数が左右ともに7段のU字階段を描く。挿入点は上り始めの階段幅中心になるため、予め基準線などで準備をしておく。

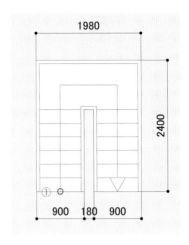

② 「建物」ツールセット → 「階段」 をダブルクリックする。

③ 「階段ツール設定」より「一般」タブを開き、[標準形式を選択]をクリックし、「階段構成の選択」ダイアログから、以下の形式を選択する。

　　　・形式：U字、踊り場あり

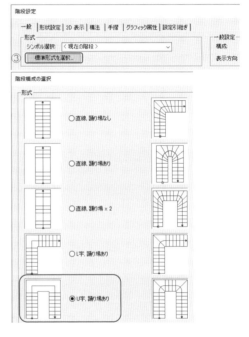

④ 「形状設定」タブを開き、左側のダイアログで以下の数値を入力する。
　　・階段の幅1：900
　　・階段の幅3：900
　　・辺1：2400
　　・辺2：1980
　　・辺3：2400

　　◆変動させたくない値には、鍵マークをクリックすることで、ロック状態にすることができる。

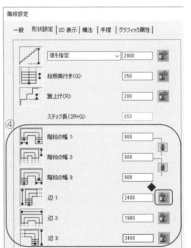

⑤ 引き続き「形状設定」タブ内で、右側のダイアログの数値を入力する。

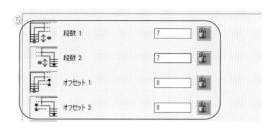

・段数 1： 7
・段数 2： 7
・オフセット 1： 0
・オフセット 2： 0

⑥「構法」タブを開き、構法形式を選択する。

・構法形式：ソリッド階段

⑦ 引き続き「構法」タブ内の右側、構法設定で、段鼻の出寸法のチェックを外す。

⑧「2D 表示」タブを開き、以下の設定を行う。

[切断記号設定]
・切断高さ：1500
・切断記号の出：0.0mm
[2D 表示設定]
・主手摺を表示　チェック ☑ を入れる
[下階（「3D1F レイヤ」レイヤ）]
・階段の表示　切断記号より下部のみ
・矢印（切断記号より下部）上り向き
・始点マーカー　チェックを外す
[上階] チェック ☑ を入れる
・レイヤ　3D2F レイヤ
・階段の表示　標準（切断記号なし）
・矢印（切断記号より下部）上り向き
・始点マーカー　チェックを外す

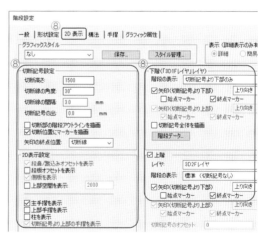

⑨ 階段を設置したい場所でクリックし、方向を決定して再度クリックすると、1回目のクリック位置を中心として階段が設置される。

◆手摺の設定は、「手摺」タブ内で適切に行うこと。

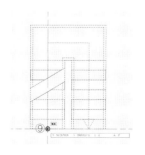

（3）L字階段（2,150×3,150）

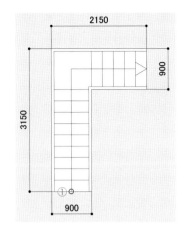

① 右図のように、階段幅90、段数が長手10段、短手6段のL字階段を描く。挿入点は上り始めの階段幅中心になるため、予め基準線などで準備をしておく。

② 「建物」ツールセット 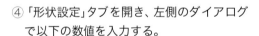 →「階段」
をダブルクリックする。

③ 「階段ツール設定」より「一般」タブを開き、[標準形式を選択]をクリックし、「階段構成の選択」ダイアログから、以下の形式を選択する。

　　　・形式：L字、踊り場あり

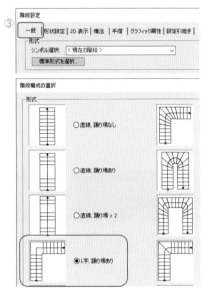

④ 「形状設定」タブを開き、左側のダイアログで以下の数値を入力する。

　　　・階段の幅1：900
　　　・階段の幅2：900
　　　・辺1：3150
　　　・辺2：2150
　　　・段数1：10
　　　・段数2：6

　◆変動させたくない値には、鍵マークをクリックすることで、ロック状態にすることができる。

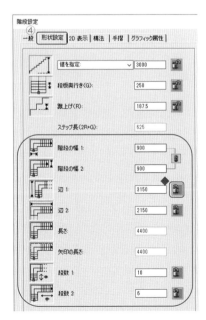

⑤ 引き続き「形状設定」タブ内で、右側のダイアログの数値を入力する。

・オフセット 1：　0
・オフセット 2：　0

⑥「構法」タブを開き、構法形式を選択する。

・構法形式：ソリッド階段

⑦ 引き続き「構法」タブ内の右側、構法設定で、段鼻の出寸法のチェックを外す。

⑧「2D 表示」タブを開き、以下の設定を行う。

［切断記号設定］
　・切断高さ：1500
　・切断記号の出：0.0mm
［2D 表示設定］
　・主手摺を表示　チェック☑を入れる
［下階（「3D1F レイヤ」レイヤ）］
　・階段の表示　切断記号より下部のみ
　・矢印（切断記号より下部）　上り向き
　・始点マーカー　チェックを外す
［上階］チェック☑を入れる
　・レイヤ　3D2F レイヤ
　・階段の表示　標準（切断記号なし）
　・矢印（切断記号より下部）　上り向き
　・始点マーカー　チェックを外す

◆手摺の設定は、「手摺」タブ内で適切に行うこと。

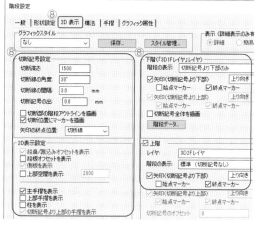

⑨ 階段を設置したい場所でクリックし、方向を決定して再度クリックすると、1 回目のクリック位置を中心として階段が設置される。

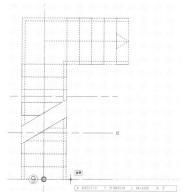

🔍 point

EV は以下の場所から取り出すことができる。

- 「建物」ツールセット 🗺️ →「エレベーター」🏢 から作成
- メニューバー［ウインドウ］→「パレット」→「リソースマネージャ」→「Vectorworks ライブラリ」→「オブジェクトスタイル」→「エレベーター」から選択

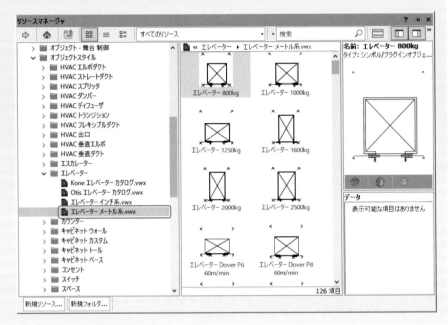

04　天井の作成

☑ ready

3-2-03 で作成した「hagy house_step12. vwx」を開き、別名保存で「hagy house_step13. vwx」として保存してから以下の作業を行う。

(1)「スラブ」ツールを用いて天井を作成する

① 「3D1F レイヤ」をアクティブにし、「天井」クラスを作成する。（「面」スタイル：カラー、色：白、不透明度：50%、「線」スタイル：カラー、色：黒、太さ：0.05）

② 「建物」ツールセット → 「スラブ」 を選択する。

③ ツールバーの「スラブツール設定」 をクリックすると、「スラブの設定」ダイアログボックスが表示される。

④ 「スラブスタイル」のプルダウンをクリックするとリソースマネージャが開かれる。「Vectorworks ライブラリ」→「オブジェクトスタイル」→「壁_スラブ_屋根」→「_日本仕様スタイル. vwx」に進むと、多くのスラブスタイルが表示される。その中から「天井_木下地_石膏ボード」をダブルクリックして選択する。

⑤ 同じく「スラブの設定」ダイアログボックス内の「配置オプション」タブをクリックし、高さ「起点参照レイヤ(Z)」：「レイヤの高さ」、「レイヤ Z からの起点オフセット」：2300 とする

⑥ ツールバーの 「境界の内側モード」 をクリックし、カーソルの先についたバケツを、天井を張りたい室の内側（壁に囲われた空間）でクリックする。

◆各室の天井高は巻末の断面図から読みとろう。断面図に示されていない室については、各自で決定してよい。

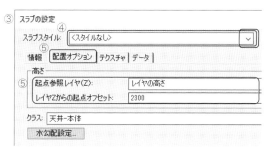

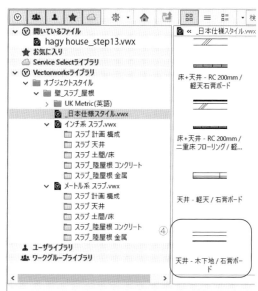

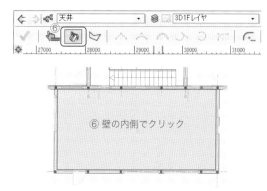

⑥ 壁の内側でクリック

**(2)「スラブ」ツールで作成した天井に傾斜を
　つける**

① スラブツールで作成した天井を選択する。

②「建物」ツールセット 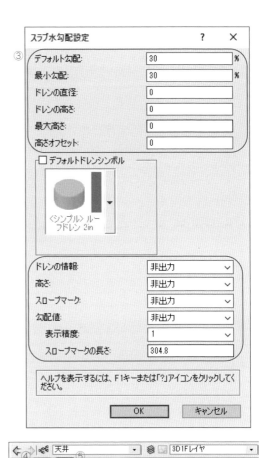 →「スラブ水勾
　配」 を選択する。

③ ツールバーの「スラブ水勾配ツール設定」
　 をクリックし、以下の設定を行う。

　　・デフォルト勾配：30（％）
　　・最小勾配：30（％）
　　・ドレンの直径：0
　　・最大高さ：0

　　・ドレンの情報　　：非出力
　　・高さ　　　　　　：非出力
　　・スロープマーク：非出力
　　・勾配値　　　　　：非出力

　◆予め、非出力クラスを非表示に設定して
　　おくとよい。

④ ツールバーの「ドレン作成モード」 を
　選択し、高さが低いスラブ辺（南側）の両
　端を、左右ともにクリックする。カーソル
　を近づけると×印が大きくなり「頂点」と
　表示されスナップできる。

　◆注意マークが表示されるが、選択解除す
　　ると非表示になる。

⑤ ツールバーの「ドレン連結モード」 を
　選択し、④と同様に、高さが低い辺の位置
　を、左右ともにクリックする。

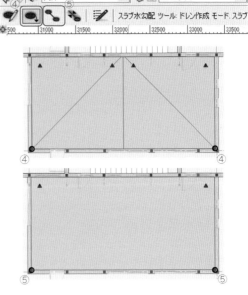

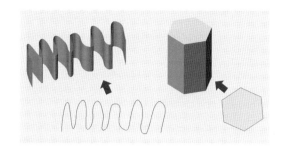

point

「柱」、「壁」、「床」、「屋根」は、3D 図面作成ツールとして独立しているが、独立したツールとして設定されていない「天井」等については、「柱状体」というツールを用いて 3D 図形を作成することもできる。

（3）柱状体を使用した天井作成

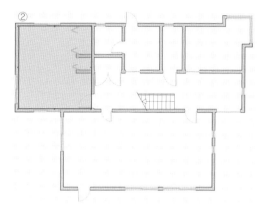

②

① 「天井」クラスを作成する。（「面」スタイル：カラー、色：白、不透明度：50%、「線」スタイル：カラー、色：黒、太さ：0.05）

② 北西側の "洋室(1)" の内壁面に沿って四角形を描く。

③ ②の四角形を選択し、メニューバー［モデル］→「柱状体...」を選択する。「生成 柱状体」ダイアログ内の「奥行き：(E)」を 15 に設定する。

◆ここでの 15mm は柱状体の高さ寸法、すなわち天井の厚み。

④ 天井を選択したまま、ビューを「前」に変更。

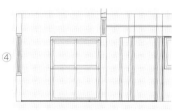

⑤ メニューバー［加工］→「移動」→「モデルを移動...」を選択し、Z 方向：2300 を入力して OK をクリックする。

◆ここでの 2300mm は天井高。

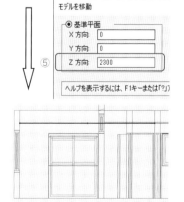

point

「家具 / 建物」ツールセット →「天井格子」 を使用して、指定した長さ、幅、配置角度がある升目状の天井格子を挿入することができる。

3 ▶ 屋根の作成

2種類の屋根作成コマンドを用いて、さまざまな形式の屋根を作成しよう。

01 片流れ屋根の作成

☑ ready

3-2-04 で作成した「hagy house_step13. vwx」を開き、別名保存で「hagy house_step14. vwx」として保存してから以下の作業を行う。

「3D 2F 屋根レイヤ」をアクティブにし、「屋根」クラスを作成する。（「面」スタイル：模様、模様：縞、前景色：黒、背景色：灰、不透明度：20％、「線」スタイル：カラー、色：黒、太さ：0.25）

① 基本パレットの「多角形」ツール 🔽 を用いて、北屋根の形状を 2D 図形で描く。

② 描いた2D図形を選択し、メニューバー[建築]→「屋根面...」を選択すると、「屋根面の設定」ダイアログボックスが表示されるので、以下の数値を入力し OK をクリックする。
  ・屋根の勾配：高さと距離(N)にチェック
  ・地上からの高さ：0
  ・高さ　　　　：3
  ・距離　　　　：10
  ・厚み　　　　：250

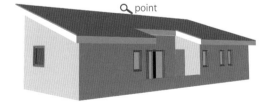

🔍 point

「スタイル」を変更すると、屋根の構造が表現される。（Vectorworks ライブラリ→壁_スラブ_屋根を展開し選択する。）

③「屋根軸の基準線」として、地上からの高さ＝0 に対応する基準線上に直線を引く。

④「屋根勾配の高いほう」▲▼をマウスで指示する。

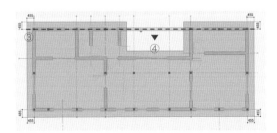

⑤ 壁と屋根の間にすき間がある場合、壁が
　屋根の中に隠れるように変形させる。
　＊ P.51「壁の高さを部分的に変更する」を
　参照

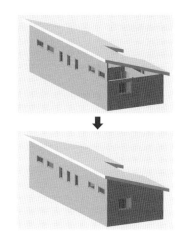

🔍 point

陸屋根はスラブで作成できるが、屋根面コマ
ンドを使用した場合、角度を0にすることで、
作成することができる。

① 「3D1F 屋根レイヤ」をアクティブにする。

② 基本パレットの「四角形」ツール 🔲 ま
　たは「多角形」ツール 🔽 を用いて、庇
　の形状を 2D 図形で描く。

③ 描いた 2D 図形を選択し、メニューバー
　［建築］→「屋根面…」をクリックすると、
　「屋根面の設定」ダイアログボックスが表
　示されるので、以下の数値を入力し OK
　をクリックする。
　　　屋根の勾配：角度（G）　にチェック
　　　地上からの高さ：−250
　　　角度　　　　　：0°
　　　厚み　　　　　：250

④ 「屋根軸の基準線」として、任意の位置に
　直線を引く。

⑤ 「屋根勾配の高いほう」▲▼をマウスで指
　示する。⇒ 陸屋根の場合、指示する方向
　は任意でよい。

⑥ 3D 表示で確認する。

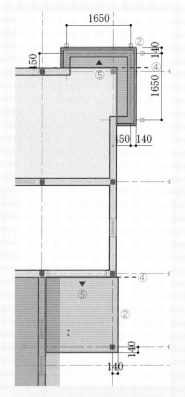

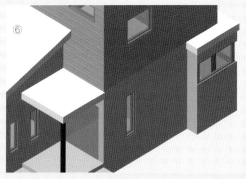

「屋根面」コマンドを使って、課題作品の全ての屋根を完成させよう。

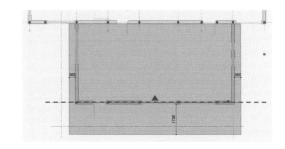

☑**ready**

3-3-01 で作成した「hagy house_step14. vwx」を開き、別名保存で「hagy house_ step15. vwx」として保存してから以下の作業を行う。

（1）1F 南屋根の作成

以下の指示に従い、屋根伏図に倣って１階南屋根を作成しなさい。

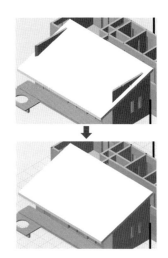

・アクティブデザインレイヤを「3D１F 屋根レイヤ」
・アクティブクラスを「屋根」とする。

◆屋根面の数値は以下のとおり
　・地上からの高さ：0
　・高さ　　　　　：3
　・距離　　　　　：10
　・厚み　　　　　：250

◆「屋根軸の基準線」および「屋根勾配の高いほう」▲▼については、右図を参考にすること。

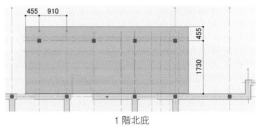
1 階北庇

◆壁が屋根を突き出している場合や、壁が屋根に届いていない場合は、壁を屋根の中に隠れるように変形させること。
　＊ P.51「壁の高さを部分的に変更する」を参照

（2）1F 北庇の作成

（1）と同様のファイル名、レイヤ、クラスにおいて、屋根伏図に倣って１階北庇を作成しなさい。「屋根軸の基準線」は右図を参照。

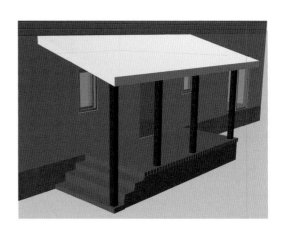

・地上からの高さ：－150
・高さ　　　　　：3
・距離　　　　　：10
・厚み　　　　　：150

03　寄棟屋根・切妻屋根の作成

「屋根作成...」コマンドを使うと、寄棟屋根や切妻屋根が簡単に作成できる。

☑ready

適切なサイズの壁でL字型の外壁を描いてか
ら、以下の作業を行う。

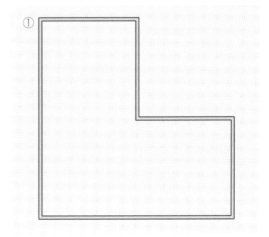

①

（1）寄棟屋根の作成

① 屋根を支える外壁をすべて選択する。

② メニューバー［建築］→「屋根作成...」を
クリックすると、「屋根作成」ダイアログボ
ックスが表示される。

③ それぞれ以下の数値等を入力し、OKを押
すと自動的に屋根が作成される。

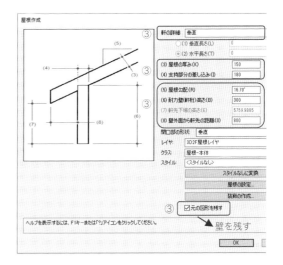

🔍point

◆寄棟屋根を作成する場合は、建具の挿入前
に屋根作成を済ませておく。壁を選択した
際に建具で壁が切断されているために屋根
作成ができない。

◆壁は屋根の勾配に合わせて、自動的に変形
される。→別途で壁を変形する必要がない。

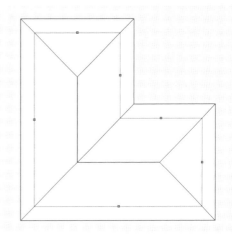

（2）切妻屋根の作成

切妻屋根の作成は、作成する箇所に寄棟屋根を
作成し、それを変換する方法をとる。

① 作成した寄棟屋根を選択する。

② 切妻屋根に変換したい屋根面の選択ハン
　 ドルをクリックすると「屋根設定の編集」
　 ダイアログが表示される。

③「屋根設定の編集」ダイアログボックスの
　「切妻」オプションを選択し、必要に応じて
　 数値を入力し、OK をクリックする。

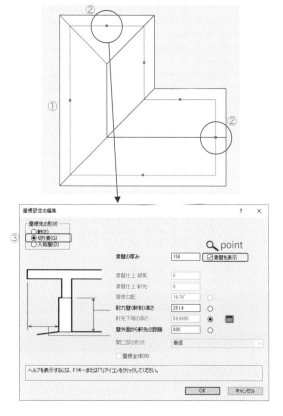

🔍 point
「妻壁を表示」にチェックを入れると、妻側の
壁が三角に変形されて表示される。

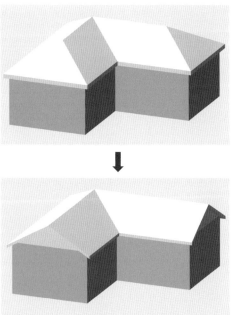

04 陸屋根（スラブ）の作成

☑ ready

パラペット（屋根の外周部に設けられた低い
壁：高さ 600mm）を「壁」コマンドを用い
て作成する。

① 「建物」ツールセット 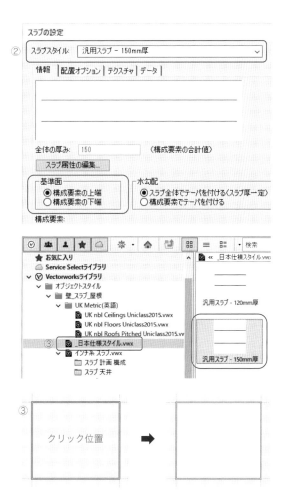 →「スラブ」
を選択する。

② 設定ボタンをクリックし、「スラブスタイ
ル」のプルダウンを開いて「汎用スラブ-
150mm 厚」を選択、「スラブの設定」ダイ
アログに戻り、基準面を「構成要素の上端」
に設定し、OK をクリックする。

③ ツールバーの「境界の内側モード」 を
クリックしてから、ready で作成したパラ
ペットの内側をクリックする。

④ 壁の内側にスラブが作成される。

🔍 point

スラブの基準面は、「スラブの設定」内の「基
準面」で設定できる。右図は上端で設定したの
で、スラブ上端が基準となり、スラブの厚みが
基準より下方に生成されることになる。

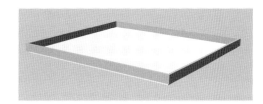

05 トップライトの作成

シンボル登録した建具をトップライトとして屋根に挿入しよう。他にもリソースマネージャから既存のトップライトを選択し挿入する方法がある。

☑ ready

3-3-02 で作成した「hagy house_step15. vwx」を開き、別名保存で「hagy house_ step16. vwx」として保存してから以下の作業を行う。

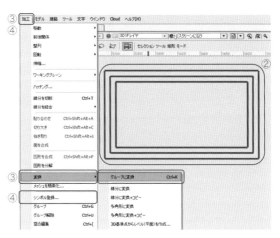

（1）シンボル登録したトップライトの作成

① シンボルをグループに変換し、オブジェクトシンボルとして登録する。
　 ＊ P.66「建具のシンボル登録」を参照

② トップライトとして使用したい窓を、適当な場所に配置する。

③ ビューを 3D の「前」に変更してから、メニューバー［加工］→「変換」→「グループに変換」する。

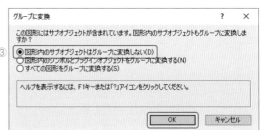

🔍 point

2D ビューの状態でグループに変換すると、2D 図形になってしまうので、必ず 3D ビューで行う。

④ 窓を選択し、メニューバー［加工］→「シンボル登録...」をクリックし、名前を「トップライト用建具」とする。フォルダを指定し、OK を押す。

⑤ メニューバー [ウィンドウ] →「パレット」
　→「リソースマネージャ」を選択すると、
　開いているファイル内に「トップライト用
　建具」が表示される。

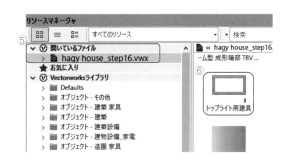

⑥「トップライト用建具」をダブルクリック
　で選択する。

🔍 point

使用する3D建具は、あらかじめオブジェク
トシンボルとして、①〜④の登録準備を済
ませておくこと。

⑦ 屋根の適当な位置でクリックすると、「ド
　ーマー設定」ダイアログボックスが開く。

🔍 point

「屋根作成...」コマンドで作成した屋根にの
み有効。

🔍 point

適当な位置ではなく、正確な位置でクリッ
クした場合は、⑨を省略し、⑩に進むこと
ができる。

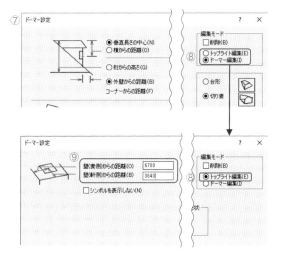

⑧ 編集モードで「トップライト編集」にチェ
　ックを入れると、トップライトの入力画面
　に変わる。

⑨ 距離などの適切な数値を入れて [OK] をク
　リックする。なお数値は、屋根の妻側から
　建具中心までの距離(O) と、軒側から建具
　外枠までの距離(B) を、以下のとおり入力
　すること。

　　壁（妻側）からの距離：(O)　6700
　　壁（軒側）からの距離：(B)　3640

⑩ [OK] をクリックすると、指定した位置にト
　ップライトが挿入される。

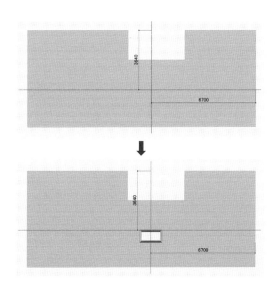

（2）リソースマネージャから選択したトップライトの挿入

①「リソースマネージャ」ダイアログボックスの中にある「Vectorworks ライブラリ」フォルダを展開し、「オブジェクト - 建築」フォルダ→「トップライト Velux. vwx」ファイル→「トップライト VeluxVSE101」をダブルクリックする。

② 屋根の配置したい位置でクリックすると、「ドーマー設定」ダイアログボックスが表示される。

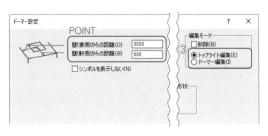

🔍 point

基準線クラスがアクティブ状態にあると、トップライトの挿入が難しくなるため、屋根クラス以外は「グレー表示＋スナップ」に設定しておくとよい。

③ 編集モードで「トップライト編集」にチェックし OK をクリックすると、屋根にトップライトが挿入される。

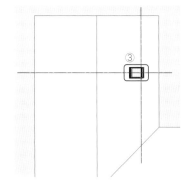

06 復習問題（コートハウス）

次頁以降に示される平面図および断面図、立面図から 3D 建築モデルを作成しよう。壁厚は全て 150mm とする。壁の高さや建具は断面図、立面図からサイズを読み取ろう。

・図面サイズ：A4、縮尺：1/100

・ファイル名「courthouse. vwx」

・書式設定は本書における P.12「ファイルの保存」から P.20「クラスの設定と編集」までを参考に設定する（「hagyhouse_step4. vwx」の状態まで）。なおデザインレイヤにおける各 3D 各階レイヤの基準面からの高さは断面図から読み取る。（ヒント：3D1F レイヤにおける基準面からの高さは 450mm、3D2F レイヤにおける基準面からの高さは 3400（450 ＋ 2950）mm であることが断面図から読み取れる。また、デッキや屋根、ベランダなどのサイズや形状も各図面から読み取ろう。

・最後は下図パースのようになっているか、確認してみよう。

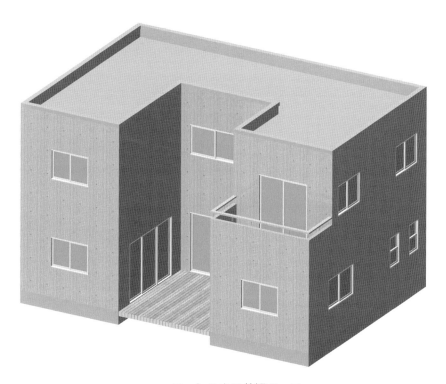

コートハウス外観パース

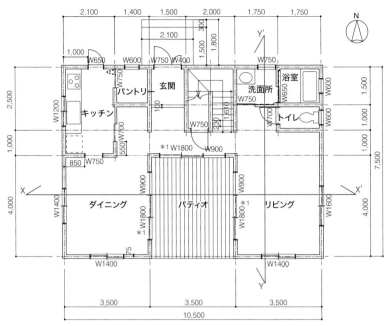

1 階平面図（S＝1/150）

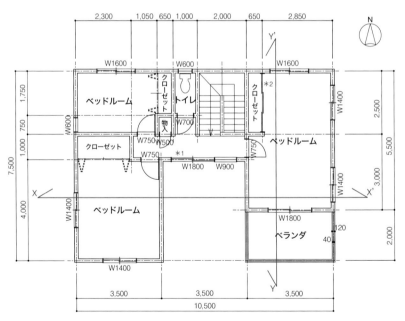

2 階平面図（S＝1/150）

＊1：FIX 窓＋引き違い窓
＊2：引き違い（3枚扉の ×○× を使用）

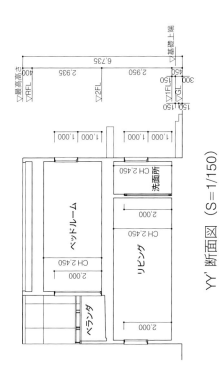

YY'断面図 (S=1/150)

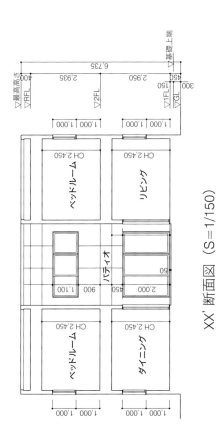

XX'断面図 (S=1/150)

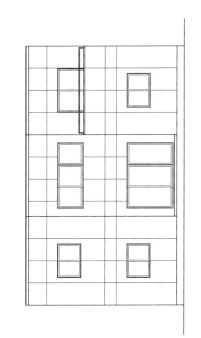

東側立面図 (S=1/150)

南側立面図 (S=1/150)

4 2D 建築図面の書き出し

1 ▶ 配置図・平面図・断面図・立面図

01 配置図兼 1 階平面図の書き出し

HGT house step17

モデリングした 3D 作品から配置図兼 1 階平面図を取り出そう。

✓ ready

◆ 3-3-05 で作成した「hagy house_step16. vwx」を開き、別名保存で「hagy house_step17. vwx」として保存してから以下の作業を行う。

◆クラスの再設定を行う。不透明度はすべて 100%にすること。
- ・柱・壁　　　　「面」スタイル：カラー、色：黒、「線」スタイル：カラー、色：黒、太さ：0.05
- ・建具　　　　「面」スタイル：カラー、色：白、「線」スタイル：カラー、色：黒、太さ：0.05
- ・階段　　　　「面」スタイル：なし、「線」スタイル：カラー、色：黒、太さ：0.05
- ・断面スタイル「面」スタイル：カラー、色：黒、「線」スタイル：カラー、色：黒、太さ：0.05

① シートレイヤを新規作成し、名前を「配置図兼 1 階平面図」とする。

② メニューバー［ビュー］→「ビューポートを作成...」を選択すると「ビューポートを作成」ダイアログが表示される。

③「ビューポート名に図面 / シート番号を転記」のチェックを外す。以下のとおり、ビューポート名と図面タイトルを入力し、作成するレイヤとして「Sht-1」を選択する。

　　　ビューポート名：1F と外構
　　　作成するレイヤ：Sht-1
　　　　　　　　　　　［配置図兼 1 階平面図］
　　　図面タイトル　：配置図兼 1 階平面図

④「レイヤ」をクリックし、表示したい図面を選ぶ。（3D1F レイヤ、2D1F 図面レイヤ、2D 外構レイヤ）

⑤「クラス」をクリックし、表示 / 非表示の設定を行う。（天井・床・非出力は非表示）

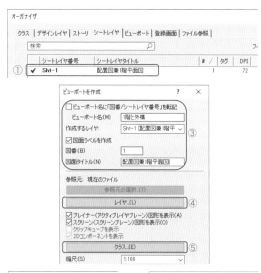

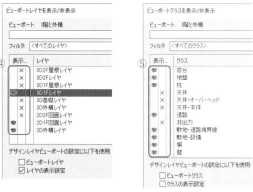

⑥ その他の設定を入力する。

縮尺　　　　：1:100
ビュー　　　：2D 平面
レンダリング：ワイヤーフレーム
投影の方法　：2D 平面

🔍 point

◆④〜⑥の設定情報は、随時オブジェクト情
報から変更することができる。

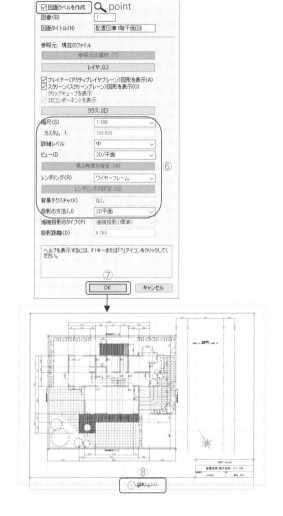

⑦ OK を押すと、設定に従ってビューポート、
シートレイヤが作成され、画面が切替わる。

⑧ 図面タイトルが不要な場合は、図面をダブ
ルクリック→ビューポートを編集（注釈）
を OK し、編集画面の中で消去すること。
編集後は、右上の「ビューポートに戻る」
ボタンを押す。

⑨ 基本パレットの「文字」ツール T を用
いて、図面枠内に図面タイトル「配置図兼
1 階平面図 S = 1/100」を書き込む。

🔍 point

◆⑥の「ビューポート」を作成ダイアログ内で、
「図面ラベルを作成」のチェックを外してお
くと、図面タイトルは表示されないので、⑧
の作業は不要となる。
◆平面図の内容はデザインレイヤ内で編集し
た後、オブジェクト情報の「更新」をクリッ
クすると図面に反映される。

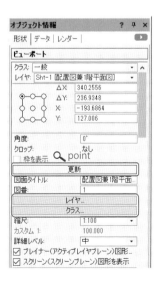

モデリングした3D作品から断面図を取り出そう。
断面図は作成される新しい「シートレイヤ」上
に作られる。

☑ ready

4-1-01 で作成した「hagy house_step17.
vwx」を開き、別名保存で「hagy house_
step18. vwx」として保存してから以下の作業
を行う。

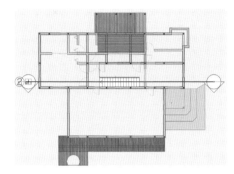

(1)「断面ビューポート」を用いた断面図

① 現在のビューを「2D/ 平面」にする。

② メニューバー[ビュー]→「断面ビューポ
　ートを作成...」を選択し、断面線の両端を
　左クリックで指示した後、方向をダブルク
　リックで指定する。

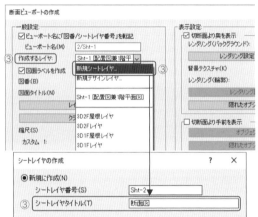

③「断面ビューポートの作成」ダイアログの
　「作成するレイヤ」から「新規シートレイヤ」
　を選ぶ。「シートレイヤの作成」ダイアログ
　が表示されるので、シートレイヤタイトル
　を「断面図」と入力する。

④「断面ビューポートの作成」ダイアログの
　「ビューポート名に「図番 / シートレイヤ番
　号」を転記」のチェックを外し、ビューポー
　ト名を「XX′断面」と入力する。

　◆「図面ラベルを作成」は、ここでチェック
　　を外しておくと、シートレイヤ上で表示
　　されない。

⑤ 必要なレイヤ、クラスがアクティブになっ
　ているかを確認し、OK を押すと、自動的
　に「Sht-2（XX′断面）」に断面図が作成され
　る。

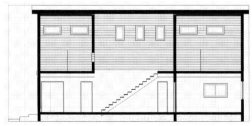

⑥ 作成した断面図をダブルクリックする。

⑦「ビューポートを編集」ダイアログボック
　スの「注釈」にチェックを入れ、OK をク
　リックすると、「ビューポート注釈」画面に
　入る。

　◆注釈クラスを作成しておく。「面」スタイ
　　ル：なし、に設定すること。

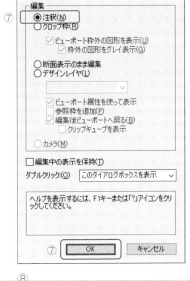

⑧「寸法 / 注釈ツールセット」 → 「縦横
　寸法」 を用いて階高の寸法を描く。

🔍 point

　◆レベル入力用の基準線を描いておく。

　◆寸法線は必ずビューポート内で作成する
　　こと。さもなければ、縮尺（1/100）され
　　た寸法の数値が表示される。
　　　例）600mm → 6mm

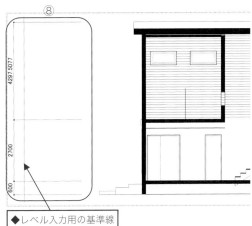

◆レベル入力用の基準線

⑨「寸法 / 注釈」ツールセット → 「レベ
　ル（横断面）」 を選ぶ。

⑩ プロパティ（または、生成）で右下のよう
　にデータを設定する。

　　・タイトル　　　：レベル名（1FL など）
　　・高さ表示　　　：カスタム
　　・基準高さ　　　：0
　　・形式　　　　　：ISO
　　・引出線の位置　：マーカーの下部
　　・タイトルの位置：引出線の上
　　・高さ表示の位置：引出線の上
　　・マーカーの位置：右
　　・マーカーの属性：面なし
　　・記号の倍率　　：0.01
　　・マーカーサイズ：200

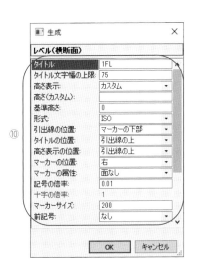

⑪ 基準線との交点をクリックし、右に平行移
　動して再度クリックすると、レベルマーク
　とタイトルが表示される。

⑫ レベル表記用の基準線を消去し、「ビュー
　ポート注釈の編集を出る」をクリックする。

⑬ レベル表記用の基準線を消去し、GL 線を
　追加した後、「ビューポート注釈の編集を
　出る」をクリックする。

🔍 point
◆他の作業の後、断面データが表示されな
　くなった場合は、「右クリック→更新」す
　ると再表示される。
◆断面図の線・色は「断面スタイル」クラ
　スで変更することができる。

⑭ 3D1F レイヤ、3D2F レイヤに、断面線を表
　示させる。シートレイヤにある断面図を選
　択する。

⑮ オブジェクト情報の「断面線表示...」をク
　リックする。

⑯ 表示させたいデザインレイヤにチェック
　を入れる。シートレイヤに表示させたい場
　合は、ビューポートタブをクリックし、「1F
　と外構」にチェックを入れること。

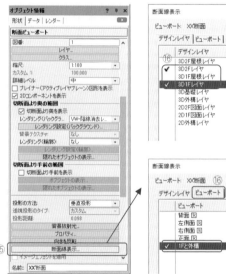

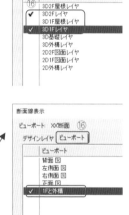

🔍 point
◆他断面線のデザインは、デザインレイヤ
　内のオブジェクト情報「断面マーカーの
　スタイル...」から変更できる。
◆オブジェクト情報内の「項目を補完」の
　チェックを外し、「図番 :」XX' を入力する
　と、断面線と重ならずに表示できる。

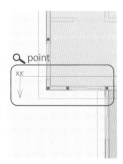

(2)「ビューポート」を用いた図面枠

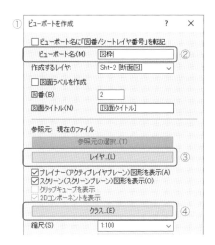

① メニューバー［ビュー］→「ビューポートを作成...」を選択すると「ビューポートを作成」ダイアログが表示される。

　◆他のレイヤ・クラスで使用済みの名称は拒否される。「図面枠」はクラスで既に使用された名称なので、「図枠」とすること。

② ビューポート名「図枠」を入力する。作成するレイヤは「Sht-2［断面図］」のままで、新たに作成しない。

③「レイヤ」をクリックし、図面枠を書き込んだ「2D図面レイヤ（2D1Fレイヤ）」を選ぶ。

④「クラス」をクリックし、「図面枠」クラスを選ぶ。

⑤ OK を押すと、シートレイヤに図面枠が表示される。

🔍 point

他の作業の後、右図のように、XX'断面のビューポートデータが表示されなくなった場合は、図面を選択して、オブジェクト情報「更新」をクリック、または「右クリック→更新」で再表示される。

◆表示されない場合

◆更新すると再表示される

⑥ 前項の（1）断面ビューポートを用いた断面図②〜⑯に従い、YY'断面図を取り込み、XX'断面の下に配置する。

　◆YY'断面ビューポートを取り込む際は、シートレイヤを新たに作成せず、Sht-2［断面図］シートレイヤに配置すること。

⑦ 基本パレットの「文字」ツール T を用いて、各々の図面下、および図面枠内に図面タイトル「断面図 S＝1/100」等を書き込む。

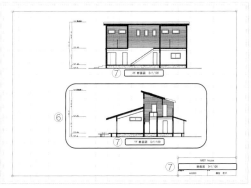

（3）クリップキューブを用いた断面図の取り出し

断面の抽出方法の1つに、クリップキューブを
用いた取り出し方がある。

① データをすべて選択し、現在のビューを
「斜め右」にして「OpenGL」にする。

② メニューバー［ビュー］→「クリップキュ
ーブ」を選択する。

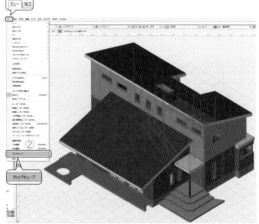

③ キューブが表示されたら、断面図を作成し
たい面をクリックし、アクティブの状態に
してから、断面図を取り出したい位置まで
スライドさせる。

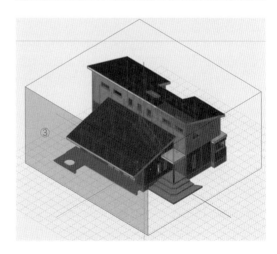

④ 断面図を取り出したい位置までマウスを動かしたら、任意の位置で左クリックし、スライドを止める。右クリック「断面ビューポートを作成...」を選択する。

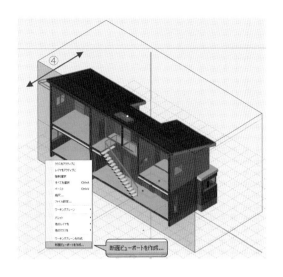

🔍 **point**

クリップキューブでは、選択されているものが優先される。意図した結果が得られない場合は、一度セレクションツールに戻り、空白箇所でダブルクリックを行い、無選択状態で再試行するとよい。

⑤「断面ビューポートの作成」ダイアログの「作成するレイヤ」から「新規シートレイヤ」を選ぶと「シートレイヤの作成」ダイアログが表示される。

⑥ ビューポート名「XX'断面2」、シートレイヤタイトルに「断面図2」と書き OK で閉じる。

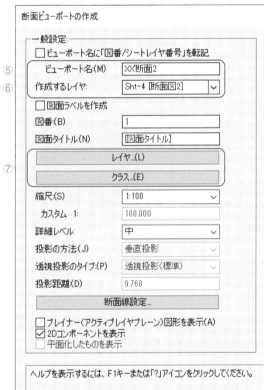

⑦ 必要なレイヤ、クラスがアクティブになっているかを確認し、OK を押すと、自動的に「sht-4（断面図2）」に断面図が作成される。

🔍 **point**

スライド時の向きが、断面図の向きになるため、取り出す際、どちらの面から始めるのか、確認しておくこと。

⑧ デザインレイヤに戻り、もう一度 メニューバー［ビュー］→「クリップキューブ」を選ぶと解除される。

4

2D建築図面の書き出し

107

モデリングした 3D 作品から立面図を取り出そう。

☑ ready

4-1-02 で作成した「hagy house_step18.vwx」を開き、別名保存で「hagy house_step19.vwx」として保存してから以下の作業を行う。

(1)「投影図ビューポート」を用いた立面図

① メニューバー [ビュー] →「投影図ビューポートを作成…」を選択する。

🔍 point
P.111 「アングルを決める」で立面図を描いている場合は、立面図クラスを非表示にしておくこと。

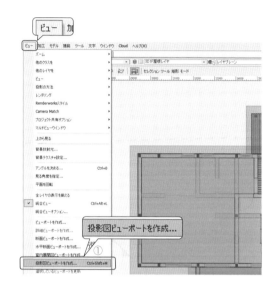

② 「投影図ビューポートを作成」のダイアログから、「縮尺」を 1:100 にして、「正面」にチェック ☑ を入れる。

🔍 point
◆正面　：南立面図
　背面　：北立面図
　右側面：東立面図
　左側面：西立面図　にあたる。
◆図にチェックを入れた分だけ、複数のビューポートを同時に作成することができる。

③ OK を押すと、自動的にシートレイヤが作られ、そこに作図される。オブジェクト情報の更新を押すと、陰線部分の表示が隠される。

🔍 point
◆用紙から離れた場所に表示される場合があるので、画面の縮小や、「図形全体を見る」などで表示位置を確認する。
◆テクスチャマッピング（P.116）を済ませている場合は、模様も表現される。

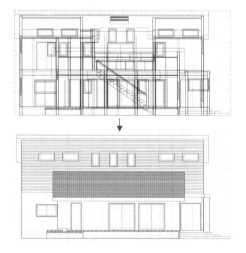

④ 立面図をダブルクリック→「ビューポートを編集（注釈）」→OK で、基本パレットの「直線」ツール 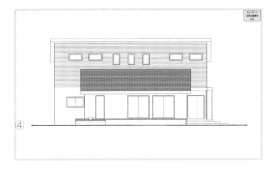 を用いて、GL 線を描く。

⑤ 編集画面のままで、立面図に植栽を追加する。[ウィンドウ] →「パレット」→「リソースマネージャ」→「Vectorworks ライブラリ」→「オブジェクト－造園 植栽」→「2D イメージ正面フォトリアリスティック」→「高木 落葉樹」→「ギョリュウ正面.vwx」より、「ギョリュウ 2.7S グレイスケール正面」を選んでダブルクリックし、適切な位置に配置する。

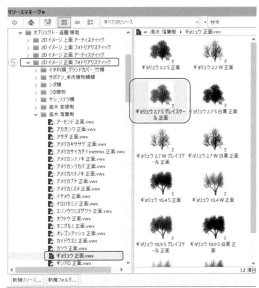

◆サムネイルの左下に雲のようなマークが付いている場合、Cloud サーバからダウンロードする必要がある。

◆配置した後、植栽をダブルクリックすると「シンボル編集ダイアログ」に入り、植栽を選択した後、オブジェクト情報内で樹高や枝張を変更することができる。

⑥ 引き続き、立面図に人物を追加する。[ウィンドウ] →「パレット」→「リソースマネージャ」→「Vectorworks ライブラリ」→「オブジェクト－その他」→「点景人物」→「人物アウトライン＆塗りつぶし 2D. vwx」→「人物アウトライン」より、「人物 立ち姿」を選んでダブルクリックし、適切な位置に配置する。

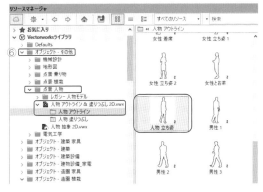

⑦「ビューポート注釈の編集を出る」をクリックし、編集画面を終了する。

⑧ オーガナイザの「シートレイヤ」タブを開くと、「シートレイヤ1」が新たに作成されているのが確認できる。ダブルクリックして、以下のとおり変更する。

     シートレイヤ番号　　　：Sht-3
     シートレイヤタイトル：立面図

⑨ シートレイヤ Sht-2［断面図］を表示して、図面枠を選択し、メニューバー［編集］→「コピー」する。

⑩ シートレイヤ Sht-3［立面図］を表示して、メニューバー［編集］→「ペースト（同一）」で貼り付ける。

◆オーガナイザの「ビューポート」タブを確認すると、「図面枠-2」ビューポートが自動的に追加されているのが確認できる。

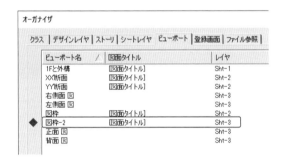

⑪ 基本パレットの「文字」ツール T を用いて、図面枠内と各立面図下に、図面タイトル「立面図 S ＝ 1/100」等を書き込む。

◆右図は、正面・背面・右側面・左側面を、同時にビューポート作成したもの。それぞれの立面図の編集画面に入り、GL 線等の必要な情報を描いておくこと。

(2)「アングルを決める」を用いた立面図

✓**ready**

◆「ビュー」→「統合ビュー」の左にチェック
　マークがあることを確認する
◆東西南北それぞれの立面図クラス（「南立面」
　「東立面」クラスなど）を作成し、「面」スタ
　イル：なし、に設定する。
◆3Dの全レイヤ、クラスを編集可能にする。

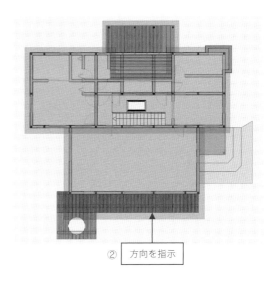

① 南立面クラス（作成したい立面図クラス）
　をアクティブにする。

② メニューバー［ビュー］→「アングルを決
　める…」を選択し、立面図を作成したい方
　向を指定する。
　ビューの前・後ろ・右・左を使っても良い。

② 方向を指示

③ 視点の高さ・視心の高さはともに「1600」と
　し、「現在の投影方法」を選択する。

④ OK を押すと、指定した方向の立面図が作
　成される。

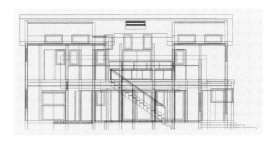

⑤ すべてのデータを選択し、メニューバー
　［加工］→「変換」→「線分に変換＋コピ
　ー」をクリック。
　「陰線部分を消去して変換」を選択して OK
　する。

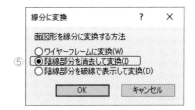

⑥ 同位置にコピーされた立面図データを、メニューバー［加工］→「移動」→「移動...」を選択し、Y方向に−15,000移動する。（または十字キーで移動する）

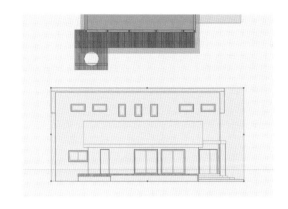

⑦ 元データは2D表示に戻す。

🔍 point

メニューバー［ビュー］→「レンダリング」→「スケッチ」でスケッチモードにした後、「スケッチオプション」で描画スタイルを変えてみよう。右図は「ていねい」を選択し、手描き風にしたもの。

⑧ 立面図をダブルクリックし「編集ダイアログ」に入ると、2D状態で編集することができる。線を追加するだけでなく、消去することもできる。

⑨ 必要な編集を済ませ、グループを出て終了する。

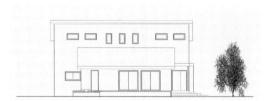

2 ▶ 各種図面をまとめる

取り出した各種図面をまとめて表示させよう。

01　建築図面の作成

☑️ready

4-1-03 で作成した「hagy house_step19.
vwx」を開き、別名保存で「hagy house_
step20. vwx」として保存してから以下の作業
を行う。

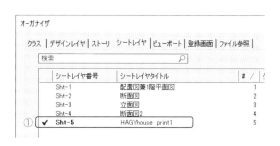

① シートレイヤを新規作成し、名前を
「HAGYhouse print1」とする。

② 用紙設定で「A2 サイズ、横」にする。
＊ P.14「用紙」を参照

◆ A2 サイズが選択できない場合は任意の
サイズでよい。

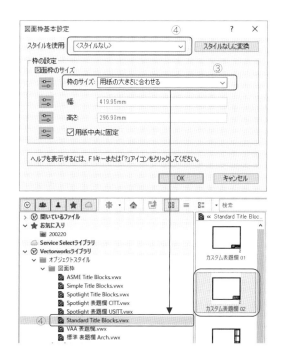

③「寸法 / 注釈」ツールセット 📝 →「図面
枠」▭ を選択。「図面枠ツール設定」で枠
のサイズを「用紙の大きさに合わせる」に
し、表題欄をクリックする。

④「表題欄選択」ダイアログの、オブジェクト
スタイル→図面枠→ Standard Title Books.
vwx から「カスタム表題欄 02」を選んで
OK し、シートレイヤの「用紙の中心」で
ダブルクリックして枠を書き込む。

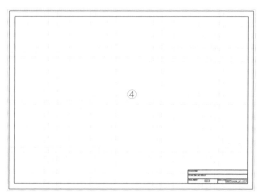

④

4

2D建築図面の書き出し

⑤ 表題欄は、オブジェクト情報の「図面枠設定」で調整する。「プロジェクトデータ」ペイン、「図面情報」ペインで以下のとおり入力する。

「プロジェクトデータ」ペイン
　　物件名：HAGY house
　　Client Name：帝塚山大学　居住 花子
「図面情報」ペイン
　　シートレイヤ タイトル：
　　HAGYhouse print1
　　シートレイヤ 番号：Sht-5

🔍 point
◆一般クラスを非表示にすると、表題欄が表示されない場合があるので注意すること。
◆表題欄のサイズ変更は、図面枠をダブルクリックし、「表題欄のレイアウト」選択
　→OKで、編集画面に入り調整することができる。

⑥ 図面枠が整ったら、各種図面をシートレイヤに取り込む。
　XX'断面図を取り込む場合は、「Sht-2［断面図］」シートレイヤをアクティブにして、既に取り込まれている断面データを選択し、コピーする。

⑦ 「HAGYhouse print1」シートレイヤに戻り、ペーストする。

⑧ ⑥⑦を繰り返し、必要な図面を配置する。

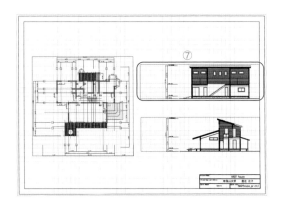

◆ペーストされた図面については、新しいビューポートが自動作成されているので、レイヤ・クラスの表示状態を個別に変更できる。また編集画面にも、それぞれ入ることができる。

⑨ 図面の配置ができたら、図面タイトルを文字ツールで書き込む。

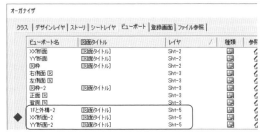

各図をまとめた図面を印刷しよう。

☑ ready

4-2-01 で作成した「hagy house_step20. vwx」を開き、別名保存で「hagy house_step21. vwx」として保存してから以下の作業を行う。

① メニューバー［ファイル］→「用紙設定...」を選択。ダイアログボックスで、「サイズを選択」にチェックを入れ、用紙のサイズを「単用紙」に設定する。

② 「プリンタ設定」をクリックする。

③ 「印刷」ダイアログボックスで、使用するプリンタ名を選択する。

④ 用紙サイズと印刷の向きを設定する。
・用紙サイズ：A2（シートレイヤの用紙設定サイズ）
・印刷の向き：横

縦型のレイアウトは、プリンタの設定により、90度回転させて横向きにして印刷する場合がある。

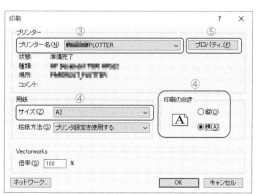

⑤ 「プロパティ」をクリックし、以下の設定を行い、OK をクリックする。
・文書サイズ：A2（シートレイヤの用紙設定サイズ）
・用紙の種類：用紙を選択（例：コート紙）

⑥ シートレイヤのサイズと印刷サイズが違う場合は、メニューバー［ファイル］→「書類設定」→「図面設定（建築土木）...」でサイズを合わせる。

⑦ メニューバー［ファイル］→「プリント...」を選び、OK をクリックすると印刷できる。

4

2Ｄ建築図面の書き出し

1 ▶ 外観パースの作成

　モデリングした 3D 建築物の外壁及び屋根など、すべての外観に関わるパーツにテクスチュアを設定（テクスチュアマッピング）し、素材を貼り付けていこう。

01　テクスチャマッピング（壁・屋根）

house step22

✓ ready

4-2-02 で作成した「hagy house_step21. vwx」を開き、別名保存で「hagy house_step22. vwx」として保存してから以下の作業を行う。

✓ ready

テクスチャマッピングを行うと、ファイルのデータ量が極端に大きくなる。不要なレイヤを削除するなど必要な情報を整理しておこう。

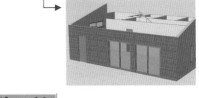

（1）テクスチャマッピング（壁）

① テクスチャを貼りたい壁を選択する。

② オブジェクト情報の「レンダー」タグを開き、壁の「右側」または「左側」のどちらかを選ぶ。

③ テクスチャを選び、「3D 表示」と「RW－仕上げレンダリング」で確認する。

🔍 point

壁の右側・左側は、壁を描いた際の矢印の向きが基準となる。
また壁を描いた際の向きを変更したい場合は、オブジェクト情報の「壁の向きを反転」をクリックするとよい。

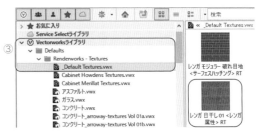

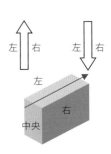

（2）クラスによるテクスチャマッピングの設定（屋根）

クラスの編集内「壁・屋根・その他」において
テクスチャの設定をする。

① 「レンダー」タブで「テクスチャを貼る範
　囲」を指定し、「テクスチャ：クラスによる
　テクスチャ」を選択する。

② 「オーガナイザ」から「クラスの編集」ダ
　イアログに進み、テクスチャを選択する。

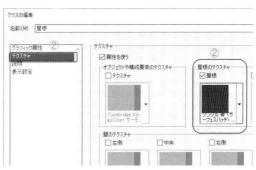

③ 屋根テクスチャにチェックを入れて、希望
　のテクスチャを選択する。

④ OK をクリックする。

🔍 point

クラスによるテクスチャの設定は、屋根に限
らず、壁およびすべてのオブジェクトでも可
能である。多くのオブジェクトに同じテクス
チャを設定するときは、こちらを用いるほう
が容易である。

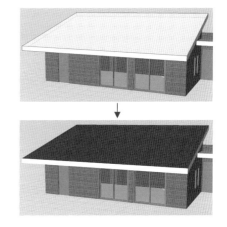

🔍 point

屋根をよりリアルに表現したい場合は、屋根
の上に重ねて柱状体（瓦）を作成し、柱状体と
屋根にそれぞれ別のテクスチャを設定する方
法がある（表紙の外観パースは、屋根の厚さ：
200、瓦の厚さ：50 で作成）。

🔍 point

窓ガラスはデフォルトで「ガラス　透明」クラ
スを充てられるので、このクラスを編集して
設定することができる。

（3）テクスチャの取り込み（リソースマネージャ）

① リソースマネージャの「Vectorworks ライブラリ」の ⌄ をクリックし、「Defaults」⌄ から、「Renderworks-Textures」⌄ を選択する。

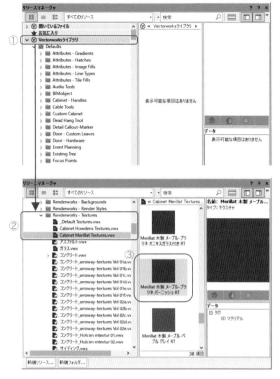

② 「Renderworks-Textures」内のデータが表示される。この中から使いたいデータを1つ選んで開く。

　◆データは 196 のデータに分類され、各々の下に複数個のデータファイルがある。

③ リソースマネージャの、下の BOX 内にシンボルが表示されるので、1つ選んでダブルクリックし、図面上に配置する。

　◆ダブルクリックで選択したシンボルのみ、「開いているファイル」内に保存される。同じシンボルを使用する際は、Vectorworks ライブラリから探す必要がなくなる。

　◆リソースマネージャが表示されていない場合はメニューバー［ウインドウ］→「パレット」から表示させること。

🔍 point

お気に入りフォルダの使い方：

ファイル内のシンボル全てを、リソースマネージャ内に取り込みたい場合は、ファイルごとお気に入りフォルダに保存することができる。以下の手順で行う。

① リソースマネージャ「Renderworks-Textures」からデータファイルを選び、右クリックをして「選択したファイルをお気に入りとして登録」を選択する。

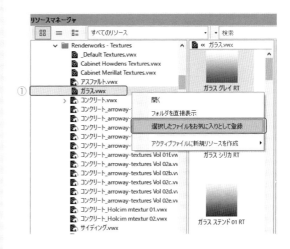

②「お気に入り」内に作成したフォルダができる。

◆ダウンロード後のファイルのみ、お気に入りに登録できる。

◆「お気に入り」に入れなくても、図面に配置したシンボルは、開いているファイル内に取り込まれるので、Vectorworksライブラリから探す必要がなくなる。

◆不要なデータは適時、消去すること。消去したいデータを選び、右クリックして削除を選ぶ。

5

パースを作成する

119

02　課題演習６　テクスチャマッピングをする（1）

house step23

外観パース作成に関係する建物のパーツにテクスチャマッピングをしよう。

✅ ready

5-1-01 で作成した「hagy house_step22. vwx」を開き、別名保存で「hagy house_step23. vwx」として保存してから以下の作業を行う。

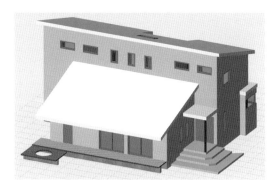

（1）外壁

全ての壁にテクスチャを設定しなさい。

🔍 point

リソースマネージャの検索欄に「壁」と入力すると、壁に適した数多くのテクスチャが表示される。

（2）屋根

全ての屋根にテクスチャを設定しなさい。

🔍 point

リソースマネージャの検索欄に「屋根」と入力すると、屋根に適した数多くのテクスチャが表示される。

（3）庇

全ての庇にテクスチャを設定しなさい。

（4）建具

全ての建具にテクスチャを設定しなさい。

🔍 point

建具クラスにテクスチャ設定をすると、建具枠にテクスチャが設定される。

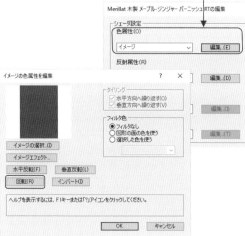

（5）デッキ・ポーチ

全ての建具にテクスチャを設定しなさい。

🔍 point

選択したテクスチャのイメージ（木目の柾目など）の方向を変更したいときは、オブジェクト情報→回転で 90°などの数値を入力し、角度を変えるとよい。
もしも回転が反映されない場合は、テクスチャの右タブをクリックし、編集を選択する。次に、色属性→イメージ→回転をクリックすると、変更できる。

03　外構の作成

house step24

3D 外構レイヤを作成し、以下のものを配置しながらデザインしてみよう。（必要に応じて、地盤クラス、道路クラス、植栽クラスを新規作成しておく。）

✅ ready

5-1-02 で作成した「hagy house_step23. vwx」を開き、別名保存で「hagy house_step24. vwx」として保存してから以下の作業を行う。

（1）敷地（地盤面）の作成

①「3D 外構レイヤ」をアクティブにし、「地盤」クラスを作成する。（「面」スタイル：カラー、色：緑、不透明度：40%、「線」スタイル：カラー、色：黒、太さ：0.25）

② 基本パレットの「多角形」ツール または「四角形」ツール □ で敷地境界線をなぞり、閉じられた図形を描く。

③ 作成した多角形を、メニューバー［モデル］→「柱状体...」で奥行き：1 を入力し、高さ 1（mm）の柱状体を作成する。

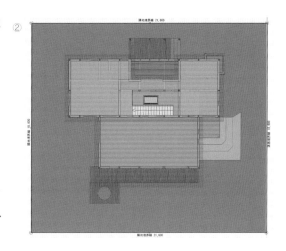

🔍 point

敷地を 3D 図形（柱状体）にしないと、後でテクスチャマッピングができない。この場合、外観パースにしたときに支障が出ないなるべく低い高さの数値を入力しよう。

（2）道路の作成

①「3D 外構レイヤ」をアクティブにし、「道路」クラスを作成する。（「面」スタイル：カラー、色：灰、不透明度：40%、「線」スタイル：カラー、色：黒、太さ：0.25）

②「敷地計画」ツールセット 🧭 →「道路（曲線）」 📐 →「道路（直線）」 ✏ を選ぶ。

③ 幅 6000、縁石の高さ 150、縁石の幅 2000、両端にチェックを入れる。

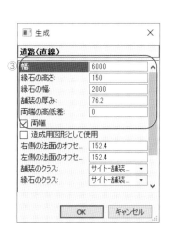

④ 道路の始点中心をクリックし、終点中心を
クリックする。

⑤ オブジェクト情報でＺ：－150 に下げる。

　◆ガードレールは「敷地計画」ツールセッ
　　ト　　→「ガードレール（直線）」
　　を選択し、始点クリック、終点クリックで
　　配置する。

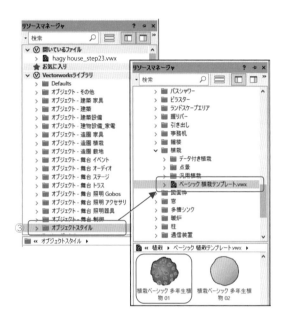

（3）植栽の配置

① 「3D 外構レイヤ」をアクティブにし、「植
栽」クラスを作成する。（「面」スタイル：
カラー、色：黄緑、不透明度：40％、「線」
スタイル：カラー、色：黒、太さ：0.05）

② メニューバー［ウィンドウ］→「パレット」
→「リソースマネージャ」を開く。

③ 「Vectorworks ライブラリ」→「オブジェク
トスタイル」→「植栽」→「ベーシック植
栽テンプレート.vwx」を開く。

④ 植栽を選択し、配置する。

　◆「敷地計画」ツールセット　　→「植栽」
　　　　から配置することもできる。＊次頁
　　参照。

　◆データが重くなるため、植栽はたくさん
　　配置しないよう注意する。

　◆植栽の足元に保護蓋を配置したい場合は、
　　メニューバー［ウィンドウ］→「パレット」
　　→「リソースマネージャ」→「Vectorworks
　　ライブラリ」→「オブジェクト－造園 家
　　具」→「Gravin トップ 10 UK. vwx」→
　　「敷地 家具 Papito 樹木保護蓋」を配置す
　　ることができる。

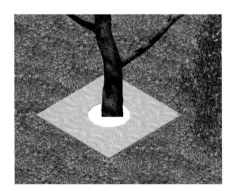

🔍 point

◆植栽のサイズ変更について

① 「敷地計画」ツールセット 🪧 →「植栽」
🌳 をダブルクリックする。

② 植栽設定のダイアログで、植栽スタイル
を展開し、植栽を選んでダブルクリック
する。

③ 植栽設定のダイアログで、枝張りや樹高
を変更して OK する。
（作成中のファイルに登録される。）

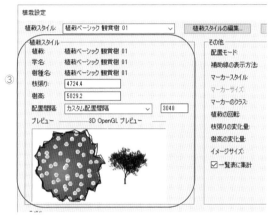

④ リソースマネージャの「開いているファ
イル」を作成中のファイル名に変更する。

⑤ アクティビティから③で変更した植栽を
ダブルクリックで選択し、適切な位置に
配置する。

◆配置後に植栽の大きさを変更したい場合
は、オブジェクト情報「枝張り」や「樹高」
に数値を入力して、変更することができ
る。

◆配置後に植栽の種類を変更したい場合は、
オブジェクト情報「植栽スタイルの置き
換え」をクリックし、変更することができ
る。

◆植栽によっては、クラスが自動的に作成
される場合があるので、オーガナイザで
表示状態を確認すること。

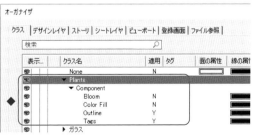

🔍 point

その他の外構は以下を参考に作成すること。

（1）塀

壁ツールと手摺ツールを組み合わせて作成
する。厚み：150、高さ：700 の壁を描く。
同位置に手摺を描き、Z 方向に 700 移動す
る。それぞれテクスチャマッピングを行う。

◆表紙パースの塀は、壁：高さ 200、手摺：高
さ 1,200 で作成。

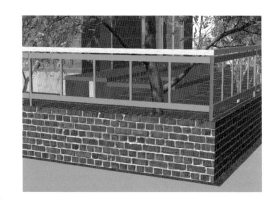

（2）門扉

メニューバー［ウィンドウ］→「パレット」
→「リソースマネージャ」→「Vectorworks
ライブラリ」→「オブジェクト－造園 家具」
→「Alumi-Guard 住居用 Ascot. vwx」の中
から選んで配置する。

◆ダブルクリックして編集画面に入り、サイ
ズを変更することもできる。

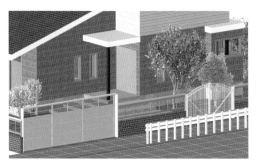

（3）ガレージゲート

メニューバー［ウィンドウ］→「パレット」
→「リソースマネージャ」→「Vectorworks
ライブラリ」→「オブジェクトスタイル」→
「ドア」→「オーバーヘッドドア メートル
系. vwx」の中から選んで配置する。

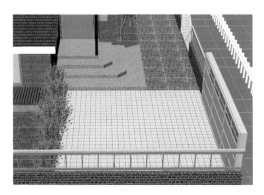

（4）ペーブメント

地盤よりも高さが大きい柱状体（2 〜 5mm
程度）を作成し配置する。舗装の素材でテク
スチャマッピングを行う。

（5）人物

メニューバー［ウィンドウ］→「パレット」
→「リソースマネージャ」→「Vectorworks
ライブラリ」→「オブジェクト－その他」→
「点景人物」→「人物アウトライン＆塗りつ
ぶし 2D.vwx」→「人物 塗りつぶし」の中か
ら選んで、構造物などの Z 軸面に配置する。
2D 素材のため、パースのアングルが決まっ
た後で配置すること。
配置後、ダブルクリックして編集画面に入
り、塗りつぶしの透明度を変えることもで
きる。

すべてのオブジェクトにテクスチャマッピングをし終えたら、青空などの背景テクスチャを設定し、太陽光を配置してから、昼間の外観イメージを表現するパースを作成しよう。

☑ ready

5-1-03 で作成した「hagy house_step24. vwx」を開き、別名保存で「hagy house_ step25. vwx」として保存してから以下の作業を行う。

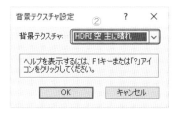

(1) 背景テクスチャの設定

① メニューバー [ビュー] →「背景テクスチャ設定...」を選択する。

②「背景テクスチャ設定...」ダイアログボックスの「背景テクスチャ」から「HDRI 空主に晴れ」を選択し、OK ボタンをクリックする。

③ 現在のビューを「斜め右」、現在のレンダリングモードを「OpenGL」に設定し、背景に雲のある晴れた空がマッピングされていることを確認する。

④ 次のステップのために現在のビューを「2D/ 平面」に戻す。

(2) 太陽光の配置

①「太陽光」クラスを作成し、アクティブにする。「3D 外構レイヤ」デザインレイヤをアクティブにする。

②「ビジュアライズ」ツールセット 🔍 →「太陽光設定」 🐝 をダブルクリックすると、「設定」ダイアログボックスが表示される。

③「位置」を建物の所在地に合わせて、以下のように設定し、OK するボタンをクリックする。
　　・地域：日本
　　・都市：東京

④「設定」ダイアログボックスが消え、作業画面に戻るので、作業画面上でクリックし、回転させて方角を合わせて、再度クリックする。

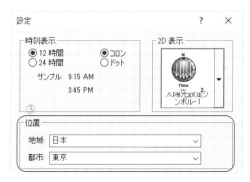

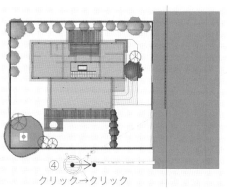

クリック→クリック

⑤ 配置した「太陽光設定シンボル」を選択し
たまま、オブジェクト情報の「形状」タブ
をクリックし、希望する日時を入力する

    ・時刻：10:00AM

    ・日：10

    ・月：5

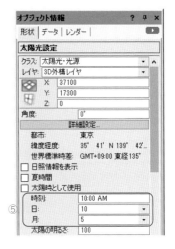

（3）カメラの配置

① 「カメラ」クラスを作成し、アクティブにす
る。「3D 外構レイヤ」デザインレイヤをア
クティブにする。

② 「ビジュアライズ」ツールセット 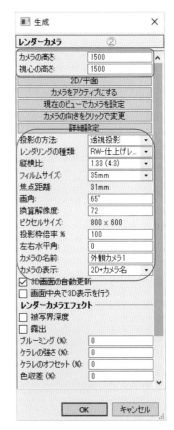 →「レ
ンダーカメラ」 をダブルクリックする
と、「生成」ダイアログボックスが表示され
る。カメラの高さや視点の高さ（消失点）
など、取り出したい外観パースに合わせて、
数値を入力し、OK をクリックする。

    ・カメラの高さ：1500

    ・視心の高さ：1500

    ・投影の方法：透視投影

    ・レンダリングの種類：RW：仕上げレン
                            ダリング

    ・縦横比：1.33（4：3）

    ・フィルムサイズ：35mm

    ・画角：65°

    ・換算解像度：72

    ・投影枠倍率：100

    ・左右水平角：0

    ・カメラの名前：外観カメラ 1

    ・カメラの表示：2D ＋カメラ名

③ 「生成」ダイアログボックスが消え、作業画
面が表示されるので、カメラを設置したい
位置にクリックし、回転させて方角を合わ
せて、再度クリックする。

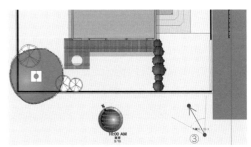

④ 配置した「レンダーカメラ」のオブジェク
ト情報「形状」タブで、「カメラをアクティ
ブにする」をクリックすると、設定した
カメラ情報による外観パースが撮影される。

🔍 point

パースに納得がいかない場合は、オブジェ
クト情報で数値を変更／カメラの配置位置
を変更／フライオーバーツールで移動など
を用いて調整する。「画面登録」を使用する
とアングルを保存・再現できる。
＊P.55「point ◆画面登録」を参照

（4）画像ファイルの取り出し
① 外観パースを表示させたままで、メニュ
ーバー［ファイル］→「取り出す」→「イ
メージファイル取り出し…」を選択する。

② 「イメージファイルの取り出し」ダイアロ
グボックスが表示されるので、希望の数値
に設定する。
　　（範囲）すべての図形　にチェック
　　（サイズ）
　　　・縦横比を固定　にチェック
　　　・解像度：360
　　　・サイズ（指定単位）
　　　　横幅：20
　　　　高さ：12.418
　　　　単位：cm
　　（フォーマット）
　　　・ファイル形式：JPEG
　　　・色：フルカラー

③ 「保存」をクリックすると、「取り出すイメージ
ファイル」ダイアログボックスが表示され
るので、保存場所を決定し、ファイル名を
入力する。
　　・ファイル名：外観パース1_日付

🔍 point

Camera match 機能を用いて現地写真を取
り込むと、より高度なプレゼンテーション
パースができる。

2 ▶ 内観パースの作成

室内に家具や照明などを配置し、さらに内壁や天井、床にテクスチャマッピングを行うなど、室内計画（インテリアデザイン）をしたのち、内観パースを作成しよう。

01 インテリアデザイン

☑ ready

5-1-04 で作成した「hagy house_step25. vwx」を開き、別名保存で「hagy house_step26. vwx」として保存してから以下の作業を行う。

🔍 point

家具や照明の配置さらに、テクスチャマッピングを行うと、ファイルのデータ量が極端に大きくなり、パソコンの性能によっては、作業がスムーズにいかない場合がある。各部屋ごとに別名ファイルを作成してから、インテリアデザインを行うことが望ましい。

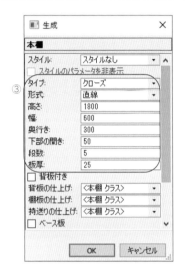

（1）家具・設備の配置
① 「家具・設備」クラスを作成する。（「面」
　　スタイル：カラー、色：白、不透明度：40％、
　　「線」スタイル：カラー、色：黒、太さ：
　　0.05）
② 「家具 / 建物」ツールセット 🗄 →「本棚」
　　📙 を選択する。
③ 高さ、幅、奥行き等、適切な数値を設定し、
　　配置する。
④ テーブルセットや設備など、その他も同じ
　　ように配置する。

🔍 point

希望の家具や設備が見つからない場合は、以下のリソースマネージャから探してみよう。
　　家具・食器：「オブジェクト－建築 家具」
　　設備　　：「オブジェクト－建築設備」
　　家電　　：「オブジェクト－建築設備 _ 家電」

🔍 point

家具は「斜め右」など３Ｄ表示にした状態で「加工」→「グループ解除」をすると、部材のカラーやテクスチャを変えることができる（グループ解除を複数回繰り返す必要のある家具もある）。

（2）カーテンの作成

① 基本パレットの「フリーハンド」ツール
で波線を描く。左クリックでスタート、
左クリックで終了。

② 描いた波線を選択し、メニューバー［モデ
ル］→「柱状体...」に進み、波型の柱状体
を作成する。（奥行き：2,000 〜 2,100 程度）

③ メニューバー［加工］→「移動」→「モデ
ルを移動...」より Z 方向に 100 程度移動す
る。

④ テクスチャマッピングで、布地や織物風
の素材を選択する。

🔍 point

柱状体を用いることで、ロールスクリーン風
に表現することもできる。

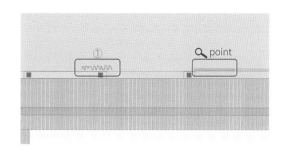

（3）照明の配置

① 照明をリソースマネージャに取り込む。
　メニューバー［ウィンドウ］→「パレット」
　→「リソースマネージャ」を選択し、
　「Vectorworks ライブラリ」→「オブジェク
　ト－建築設備」→「電気」→「_ 照明 2D
　Imperial.vwx」を読み込む。

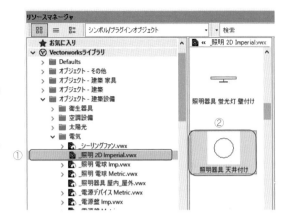

② 「照明器具 天井付け」をダブルクリックで
　選択し、室内の適当な位置で左クリックし
　て配置する。

③ ビューを「前」に変えて、メニューバー［加
　工］→「移動」→「モデルを移動...」で Z：
　2,300 に移動する。

　◆照明の高さは、巻末の断面図を参照して、
　　居室ごとに設定すること。

　◆光源の高さは Z：2,100 前後が望ましい。

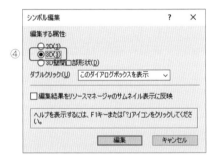

④ オブジェクトをダブルクリックして編集
　画面に入り、カーソルで点光源を 30cm 程
　度下の位置に下げる。

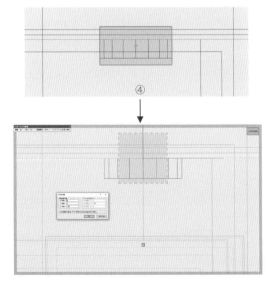

🔍 point
「RW_ 仕上げレンダリング」を用いると、プレ
ビュー時に照明の光源が反映され、仕上げ状
態で確認できるが、時間がかかるので注意す
ること。

02　課題演習7　テクスチャマッピングをする（2）インテリアデザイン

子ども部屋と1F居間のインテリアデザインを
しよう。

☑ ready

5-2-01で作成した「hagy house_step26.
vwx」を開き、別名保存で「hagy house_
step27. vwx」として保存してから以下の作業
を行う。

☑ ready

データ容量を軽くするために、当該居室以外
（内観パースに映りこまない部分）のオブジェ
クトを削除する。

（1）内壁

室内の壁にテクスチャを設定しなさい。

🔍 point

リソースブラウザの検索欄に「壁」と入力
すると、壁に適した数多くのテクスチャが
表示される。

子ども部屋の例

（2）天井

全ての天井にテクスチャを設定しなさい。

（3）床

全ての床にテクスチャを設定しなさい。

（4）家具

家具（ベッド、衣装ダンス、机、いす、ソフ
ァなど）を配置しなさい。必要であれば、家
具をグループ解除し、テクスチャを変更しな
さい。

（5）照明

照明器具を配置しなさい。

居間の例

インテリアデザインを終えたら、窓から映り込む外構を考慮しながら、洋室の室内パースを作成しよう。

✔ready

5-2-02 で作成した「hagy house_step27. vwx」を開き、別名保存で「hagy house_step28. vwx」として保存してから以下の作業を行う。

✔ready

「カメラ」クラスおよび「3D 外構レイヤ」、「3D1F レイヤ」（対象の室があるフロア）デザインレイヤをアクティブにする。

（1）カメラの配置

① 「ビジュアライズ」ツールセット 🔎 →「レンダーカメラ」 📷 をダブルクリックすると、「生成」ダイアログボックスが表示される。カメラの高さや視点の高さ（消失点）など、取り出したい内観パースに合わせて、数値を入力し、OK をクリックする。

・カメラの高さ：1500
・視心の高さ：1500
・投影の方法：透視投影
・レンダリングの種類：RW:仕上げレンダリング
・縦横比：1.33（4：3）
・フィルムサイズ：35mm
・画角：65°
・換算解像度：72
・投影枠倍率：100
・左右水平角：0
・カメラの名前：内観カメラ 1
・カメラの表示：2D ＋カメラ名

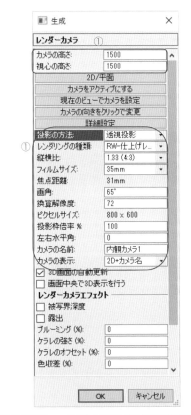

🔍 point

子ども目線など低い位置から撮影した表現にしたい場合、カメラの高さや指針の高さを 1,000 程度に変更するとよい。

② 「生成」ダイアログボックスが消え、作業画面が表示されるので、カメラを設置したい位置にクリックし、回転させて方角を合わせ、再度クリックする。

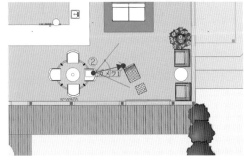

③ 配置した「レンダーカメラ」のオブジェクト情報「形状」タブの「カメラをアクティブにする」をクリックすると、設定したカメラ情報による内観パースが撮影される。

◆パースに納得がいかない場合は、オブジェクト情報で数値を変更／カメラの配置位置を変更、などを用いて調整することができる。

 point
◆光源の設定
照明光が弱い場合は「ビジュアライズ」ツールセット  →「光源」 を選択し、新たな光源を追加することができる。レンダリングを確認しながら、以下の手順で調整しよう。

①「平行光源」「点光源」「スポットライト」の3種類から光源を選択する。

②「光源ツール設定」をクリックし、「光源属性設定」内で、色、明るさ、影の調整をする。

③「放射を使用」にチェックを入れ、ルーメン（光束）、色温度を調整する。この設定により、現実的な明るさを再現できる。

④「光源属性設定」ダイアログ内の、「スポットライト設定」ボタンをクリックし、拡散光、距離減衰などを調整する。
（光源により、設定内容は異なる。）

⑤メニューバー［ビュー］→「背景放射光…」を選択し、設定ダイアログ内の「アンビエントオクルージョン」にチェックを入れる。この設定により、壁のコーナーや隙間にソフトシャドウがかかり、パースに奥行き感が出る。

◆レンダリング時に光源図形を表示させたくない場合は、メニューバー［ツール］→「オプション」→「環境設定…」をクリックし、「画面」タブの、光源図形の表示「ワイヤーフレーム時のみ表示」を選択するとよい。

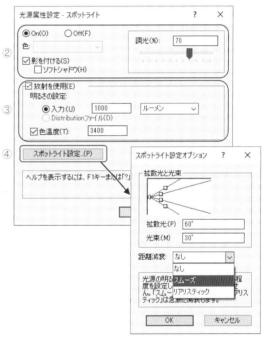

パースを作成する

5

🔍 point

◆風景写真を背景テクスチャに設定する

室内の窓から見える風景を、敷地周辺の写真
や風景写真に設定することができる。

① 背景に設定するイメージデータのファイ
ル（JPEG など）を用意する。

② メニューバー［ウィンドウ］→「パレッ
ト」→「リソースマネージャ」を選択し、
「新規リソースの作成」をクリックすると、
「リソース作成」ダイアログボックスが表
示される。
「背景テクスチャ」にチェックを入れ、「作
成」をクリックする。

③「背景テクスチャの編集」ダイアログボッ
クスが表示されるので、「背景：イメージ」
を選択する。

④「選択イメージ」ダイアログボックスが表
示されるので、「イメージファイルの取り
込み」にチェックを入れ OK をクリックす
る。

⑤ あらかじめ用意したイメージデータファ
イルを選択し、「開く」をクリックする。

⑥「背景テクスチャを編集」ダイアログボッ
クスが表示されるので、「幅」、「高さ」を
入力し、OK をクリックする。
（サイズを大幅に変えると、不自然になる
ので注意すること。）

⑦「リソースマネージャ」ダイアログボック
ス上で、新たに作成した「背景テクスチ
ャ」が表示されるので、ダブルクリックす
る。

⑧ カメラをアクティブにした時、窓から見
える風景として、設定されるので、「RW：
仕上げレンダリング」で確認する。

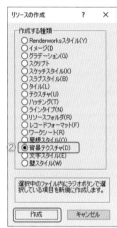

（2）画像ファイルの取り出し

① 内観パースを表示させたままで、メニューバー［ファイル］→「取り出す」→「イメージファイル取り出し…」を選択する。

② 「イメージファイルの取り出し」ダイアログボックスが表示されるので、希望の数値に設定する。

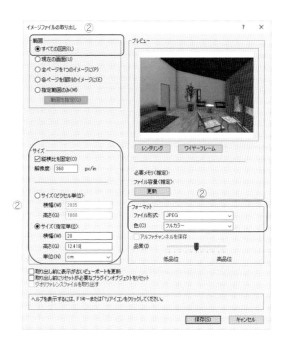

   （範囲）すべての図形　にチェック
   （サイズ）
      ・縦横比を固定　にチェック
      ・解像度：360
      ・サイズ（指定単位）
         横幅：20
         高さ：12.418
         単位：cm
   （フォーマット）
      ・ファイル形式：JPEG
      ・色：フルカラー

③ 「保存」をクリックすると、「取り出すイメージファイル」ダイアログボックスが表示されるので、保存場所を決定し、ファイル名を入力する。

      ・ファイル名：内観パース 1_日付

（3）不要な情報の消去

3D オブジェクト作成やテクスチャマッピングの作業を続けていると、いつの間にか、ファイルサイズが極端に大きくなってしまう。こうした場合、不要情報消去コマンドを使用すると、指定した項目が図面から消去され、ファイルサイズが小さくなる。使用していないレイヤ、クラス、リソース、および用紙の外側にある図形をファイルから削除できる。作業を早くスムーズにしたい場合は、活用するとよい。

① メニューバー［ツール］→「不要情報消去…」をクリックすると、「不要情報消去」ダイアログボックスが開かれる。

② 不要情報として消去できる項目のタイプと、各タイプの項目数が一覧表示されるので確認する。

③ 必要に応じて、項目が不要情報として消去されないようにするには、項目名の左側の列をクリックしてチェックマークを外す。

④ OK をクリックして、消去を完了する。

⑤ 上書き保存をして、ファイルの容量が減っていることを確認する。

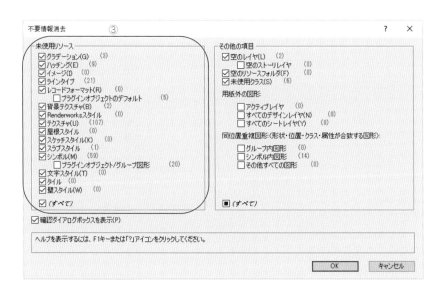

🔍 point

◆室内展開図の作成

室内展開図ビューポートを用いて簡単に展開図が取り出せる。

① 現在のビューを「2D/平面」にする。

② メニューバー [ビュー] →「室内展開図ビューポートを作成...」を選択する。

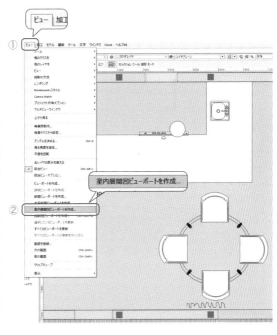

③ 任意の位置で位置決定をすると「室内展開図ビューポート」のダイアログが表示される。

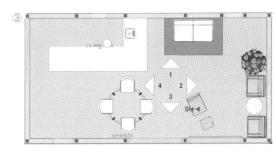

④ 「作成するレイヤ」：新規シートレイヤを選択し、「シートレイヤの作成」ダイアログボックスで、「新規シートレイヤタイトル」を入力する。

　　シートレイヤタイトル：室内展開図

⑤ 「図面ラベルを作成」にチェック、および必要な方向の展開図にチェックを入れて、図面タイトル（ビューポート名）を入力する。

図面タイトル　北方向：北側展開図
　　　　　　　東方向：東側展開図
　　　　　　　南方向：南側展開図
　　　　　　　西方向：西側展開図

⑥ 「レイヤ」をクリックし、表示したい図面を選ぶ。（3D1Fレイヤ以外非表示）

⑦ 「クラス」をクリックし、表示/非表示の設定を行う。

⑧ OK を押すと、シートレイヤ上に4面の展開図が表示される。

◆上記の設定情報は、随時オブジェクト情報から変更することができる。

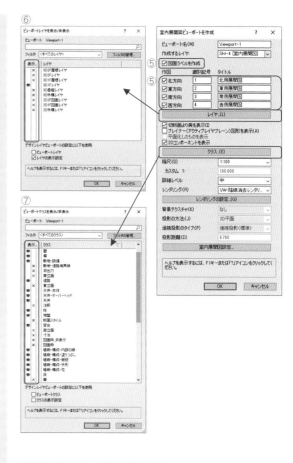

① 北側展開図　縮尺: 1:100

② 東側展開図　縮尺: 1:100

③ 南側展開図　縮尺: 1:100

④ 西側展開図　縮尺: 1:100

アニメーションを作成する

利用者の目線で動画（アニメーション）撮影したウォークスルー映像を作成し、計画した建物の中や外を歩いてみて回るといった高度なプレゼンテーションを行おう。

01 ウォークスルー：パスに沿って撮る

HGY house step29

☑ ready

5-2-03 で作成した「hagy house_step28. vwx」を開き、別名保存で「hagy house_step29. vwx」として保存してから以下の作業を行う。

☑ ready

人が歩く道筋（パス）を設定し、人の目線の高さにカメラを置く静止画を何枚も記録し、それらをつなぎ合わせる方法でアニメーションを作成する。パス上に建具がある場合は、「3D 時に開く」設定にしておく。

（1）ルートの検討

① ウォークスルー対象のレイヤのみ表示させる。

②「ルート」レイヤ及び「ルート」クラスを作成する。（Z：600　表示対象レイヤの高さ（Z）に合わせる。）

③ 壁などに突き抜けたりしないよう気をつけながら、基本パレットの直線ツール ＼ を用いて 1m 程度ごとにルートを書き込む（6 本描く）。

④ 基本パレットの円ツール ◯ で端点ごとに円をマーキングしていく（半径：100mm 程度）。

⑤ メニューバー［ビュー］→「ズーム」→「用紙全体を見る」を選ぶ。

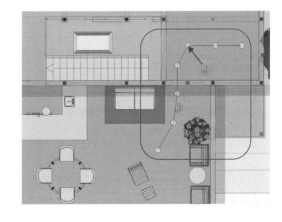

🔍 point

このときのウィンドウサイズは、アニメーションを取り出すときのサイズになるので、小さめにするとよい。一度選んだものは開いているファイルの一番上に出てくる。

（2）アングルの登録

① メニューバー［ビュー］→「アングルを決める...」を選択する。

② 作成した円１の中心をクリックし、更に円２の中心をクリックする。

③「アングルを決める」ダイアログボックスが表示されるので、視点の高さ：1600、視心の高さ：1600、投影方法：標準を入力し、OK をクリックする。

④ アングルが表示されるので、「簡易レンダリング」でレンダリングする。

🔍 point

「仕上げレンダリング」でレンダリングすると、仕上がりは良いが処理時間が長くなるため、確認用にはこちらを選ぶと良い。

⑤ メニューバー［ビュー］→「画面を登録...」を選択し、登録名を「s-01」とする。

⑥ 他のアングルでも同様に全６アングル登録する。（「s-02」「s-03」「s-04」…「s-06」）

🔍 point

画面登録のとき、作業画面を拡大・縮小しないで、同サイズ・同比率の画面を登録すること。

(3) アニメーションの設定

① メニューバー［モデル］→「アニメーション…」を選択する。

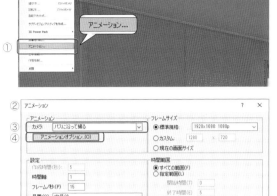

🔍 point

このとき前の作業画面（3D の状態）のまま続ける。2D/ 平面ビューに戻さないこと。

②「アニメーション」ダイアログボックスが表示される。

③ カメラ：「パスに沿って撮る」を選択する。

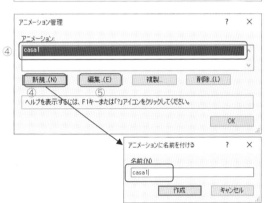

④「アニメーションオプション」をクリックすると「アニメーション管理」ダイアログボックスが開かれるので、新規をクリックし、名前に「casa1」と入力する。

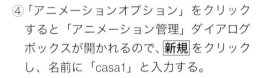

⑤「編集」をクリックし、「編集-スコア」ダイアログボックスで、「s-01」（登録画面＝キーフレーム）から「s-06」までを押して「編集-スコア」（右画面）に配置していく。

🔍 point

このとき、ラインが横一列に揃うよう調整し、OKをクリックする。

🔍 point

1 秒おきに次のフレームが来るよう設定すると、スムーズなアニメーションができる。

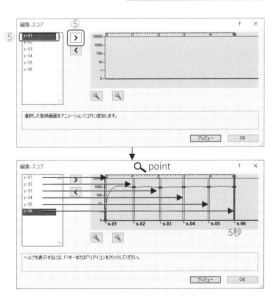

6

アニメーションを作成する

（4）データの取り出し

① 「アニメーション」ダイアログボックスの
「取り出し」をクリックし、ファイル名：
casa1. mov で保存する。

② 再生して確認する。

🔍 point

オーガナイザの登録画面タグで、作成したシーンを編集、複製、削除できる。

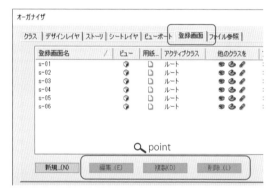

🔍 point

階段を上るアニメーションを作成する場合は、「アングルを決める」で、取り出すシーンごとに視点、視心の高さを少しずつ上げていく。高さの数値は、階段の高さ（段数分）＋カメラの視点高さ、により設定する。

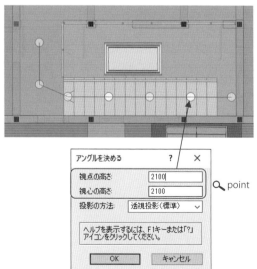

02　ウォークスルーアニメーション

Vectorworks 2020 のアニメーションでは、地形・スラブ・階段などのモデル配置レイヤを解析し、表面をなぞるようなパスラインを作成する「ウォークスルー」アニメーションが追加されている。また家具などのオブジェクトや、建物などの3D図形の全ての面を見せることができるように、カメラが円軌道を描きながら移動する「オービット」「スピン」アニメーションもある。ここでは基本的な3Dモデルを描き、ウォークスルーパスを作成する。

☑ ready

階段ツールとスラブツールを使い、右図のような3Dモデルを作成し用意する。

① 2D表示にして、通りたいパスを基本パレットの「多角形」ツール 🔽 で描く。a〜dまで順にクリックし、最後にダブルクリックする。

② 多角形を選択した状態で、メニューバー［モデル］→「アニメーション...」→「選択したパスからウォークスルーパスを作成」を選択すると、ウォークスルーパスを通るカメラが表示される。

③ ビューを右に変更すると、モデルから一律の高さで作成されたパスが確認できる。パスを選択すると手動で高さの変更が可能で、注視点に左右上下の変化を加え、フレーム間をつなぐ動きの中に、視線の動きを再現することもできる。

🔍 point

3D上で動きのあるウォークパスを作成するには、スラブ・階段・地形モデルなどが必要。柱状体では表面が解析されないので作成できない。

④ カメラが選択された状態で、「オブジェクト情報」形状タブの「カメラビューをアクティブにする」をクリックし、次に「再生」をクリックすると、OpenGLレンダリングに表示が切り替わり、アニメーションのプレビューを確認できる。また他項目ではカメラの高さなど数値設定ができる。

⑤「ムービーを作成...」をクリックし、作成時間・フレーム/秒などを設定後、作成ボタンを押して、QuickTimeMovie（.mov）として取り出す。

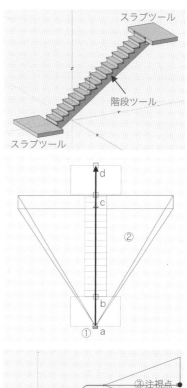

スラブツール
階段ツール
スラブツール

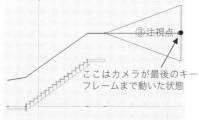

③注視点
ここはカメラが最後のキーフレームまで動いた状態

6
アニメーションを作成する

レンダリングされた画像を 3DPDF として取り出すことで、Vectorworks を持っていない相手も自由に確認することができる。また、作品の中に入る VR（仮想現実）データを取り出すこともできる。

☑ ready

5-2-03 で作成した「hagy house_step28. vwx」（内観パース）を開き、別名保存で「hagy house_step30. vwx」として保存してから以下の作業を行う。

☑ ready

すでに設定しているカメラをアクティブにする。

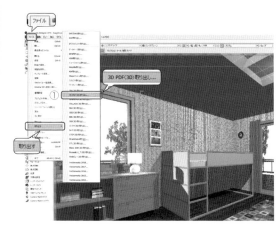

① メニューバー［ファイル］→「取り出す」
　→「3D PDF(3D)取り出し...」をクリックする。

② 「3D PDF（3D）オプション」が開かれるので

　　　　取り出し：全てのレイヤの表示オブジェクト
　　　　品質：中品位
　　　　登録画面を取り出す
　　　　ダブルサイド を適用

　にチェックを入れて、「取り出す」をクリックする。

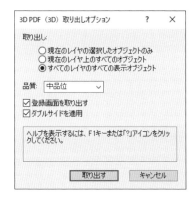

③ 「保存ダイアログ」が開かれるので、ファイル名に「hagy_childroom. pdf」と入力し、適切な保存先を指定して、「保存」をクリックする。

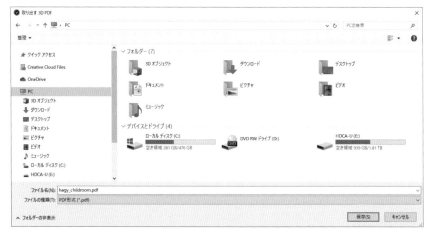

④ フリーソフトである Acrobat Reader で③
のファイルを開き、左サイドの「モデルツ
リー」「VW デフォルトビュー」をクリック
すると、Vectorworks 上で表示していたパー
スと同じアングルのものがデフォルトビ
ューとして表示される。

④ Acrobat Reader 画面

🔍 point

PDF ファイルのパース上にカーソルを置いて、
ドラッグすると、室内の様子を自由に拡大・縮
小や回転しながら体験することができる。ま
た、左サイドのモデルツリーには、クラス・レ
イヤの設定が反映されるので、表示 / 非表示の
コントロールが可能である。

🔍 point

3D モデルを「Web ビュー」として取り出す
と、HTML 形式で Cloud サーバ上に保存する
ことができる。また Web ビューは、二眼分割
表示もできるので、携帯端末やVRゴーグルな
どを使うと、より没入感のある映像を見るこ
とができる。

① メニューバー［ファイル］→「取り出す」
→「Web ビュー（3D）取り出し...」をク
リックすると「Web ビュー取り出し」ダ
イアログが表示されるので、保存場所を
「仮置き用クラウドストレージ」にチェッ
クし、「取り出す」をクリックする。

② 「共有リンク」ダイアログが表示されるの
で、QR コードの画像、あるいはリンクを
コピーし、見せたい相手にそれらを送る
と、PC やスマートフォンで作品が確認で
きるようになる。

7 プレゼンテーション図面としてまとめる

Illustrator などのデザイン系ソフトを用いてプレゼンテーション図面を作成しよう。

01 Illustrator のファイルに図面を配置する

house step31

（1）EPS 形式ファイルの取り出し

① 印刷用シートレイヤを開く。

② メニューバー［ファイル］→「取り出す」
　→「EPSF 取り出し...」を選択する。

③「EPS プレビューの設定」でカラーモード
　を設定し、OK をクリックする。

④ 保存する場所を指定し、ファイル名をつ
　ける。

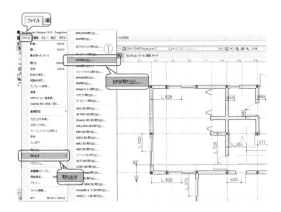

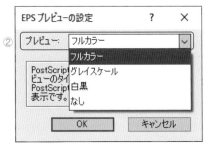

🔍 point

EPSF 取り出しコマンドは、図面を EPS ファイル形式で取り出せる。EPSF（Encapsulated PostScript Format）ファイルは、多くの画像プログラムやデスクトップパブリッシング（DTP）プログラムで読み取ることができ、Vectorworks のトランスレータは Illustrator 88 フォーマットで EPSF ファイルを取り出す。EPSF には、すべての図面要素、および標準のバイト順を使用した TIFF プレビューが含まれ、Vectorworks プログラムは高解像度や高精度を維持しながらファイルを取り出せる。

（2）Illustrator に EPS 図面を取り込む

① Illustrator を開き、メニューバー［ファイル（F）］→「新規（N）...」で A2 サイズの新規書類を作成する。

　　幅：594mm　高さ：420mm（用紙サイズ：カスタム）

　　⇒向きの「縦 or 横」はレイアウトの種類により各自選択すること。

② メニューバー［ファイル(F)］→「配置(L)...」で先ほど保存した EPS ファイルを指定し OK をクリックする。

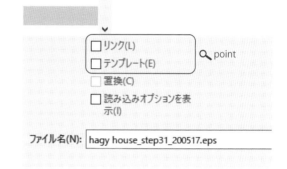

🔍 point

「リンク」のチェックを外しておくこと。初期状態で配置すると、リンクにチェックが入ったまま取り込まれ、線データの編集ができないので注意する。

③ アートボードに EPS データが読み込まれる。

🔍 point

図面が取り込まれたら、オブジェクト→グループ解除を行い、不必要な線を消去し整えること。

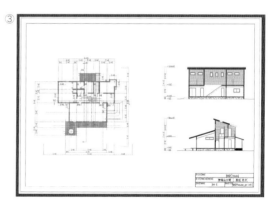

（3）パース（JPEG）画像を取り込む

☑ ready

5 章で作成した外観パースまたは内観パースを準備しておく

① メニューバー［ファイル(F)］→「配置(L)...」で 5 章で作成し、保存した外観パースまたは内観パースの JPEG ファイルを指定する。

🔍 point

このとき「リンク」にチェックを入れていると、ファイルに画像は保存されず、リンク情報のみ保存される（リンクファイル）。テンプレートにチェックを入れると、ロックされた状態で、ファイルに取り込まれる。

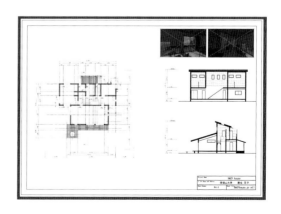

② OK をクリックし、配置する。

8 その他の役立つ機能

01 カーテンウォール

壁ツールと円弧壁ツールでは、標準の壁に加えてカーテンウォールも作成でき、パネルを含むフレームで構成される。パネルはガラスで構成されるが、不透明または装飾的なものにもできる。

(1) カーテンウォールの作成

① 「建物」ツールセット 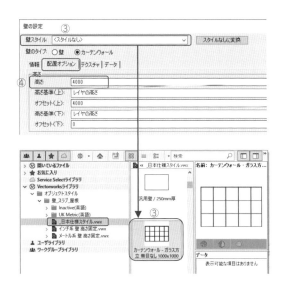 → 「壁 ▤（または円弧壁 ▤）」を選択する。

② ツールバーの「壁ツール設定」 をクリックし、「壁の設定」ダイアログボックスを開く。

③ 壁スタイルを「〈スタイルなし〉」から適切な種類のカーテンウォール（例えば「カーテンウォール—ガラス方立無目なし 1000 × 1000」）を選択する。

④ 「配置オプション」タグを選択し、高さを入力し（例えば 4000）、OK をクリックする。

⑤ 作業画面に戻るので、壁を開始する位置にクリックし、終了の位置でダブルクリックする。

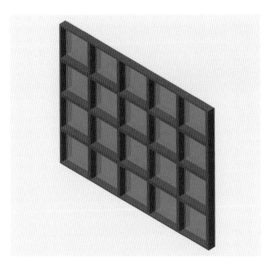

⑥ 表示バーの現在のビューで「斜め右」を選択し、作成されていることを確認する。

（2）カーテンウォールの編集（フレームの部分削除）

カーテンウォール編集ツールでは、カーテン
ウォールのフレームとパネルを操作でき、削
除、追加、分割、結合、設定の編集などがで
きる。

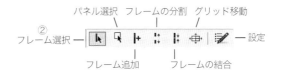

①「建物」ツールセット 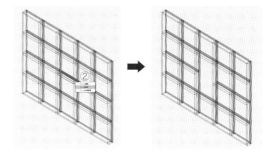 →「カーテン
　ウォール編集」 を選択する。

② ツールバーの「フレーム選択モード」
　 をクリックし、修正したいフレーム
　を選択し、Delete キーを押すか、フレー
　ムを右クリックし、コンテキストメニ
　ューから「フレームを削除」を選択して削
　除する。

◆「カーテンウォール編集」を選択し、ビュ
　ーを「前」にしたまま、リサイズカーソ
　ルでフレームを編集することもできる。

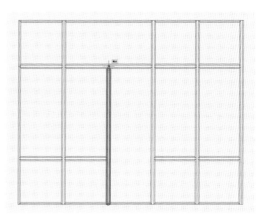

02 配置図作成用地図の取り込み

計画建物の敷地図をイメージデータ（PDF、JPEG、PNG など）で持っている場合、それを
Vectorworks に取り込み、上からなぞって配置図および周辺地図を作成できる。

準備：周辺地図の元となるイメージデータを用
意する。なお、地図にスケールバーがあるもの
でなければならない。

① 「2D 外構」デザインレイヤをアクティブに
する。

② 「元地図」クラスを作成し、アクティブにす
る。

③ メニューバー［ファイル］→「取り込む」
→「イメージファイル取り込み...」を選択
する。

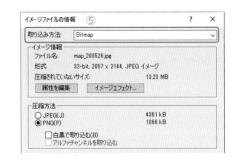

④ 「取り込むイメージファイル」ダイアログ
ボックスで、取り込みたい地図イメージフ
ァイル（例えば JPEG ファイル、PNG ファ
イル）を選択する。

⑤ 「イメージファイル」ダイアログボックス
が開くので「Bitmap」を選択し、OK をク
リックする。

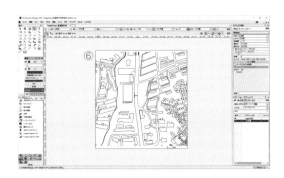

⑥ 作業画面に地図イメージが配置されるの
で、それを用紙内に収まるよう移動させる。

⑦ 地図データを選択し、メニューバー［加工］
→「伸縮...」を選択すると、「伸縮」ダイ
アログボックスが開くので、「距離で設定
（縦横日固定）(D)」にチェックを入れて、右
横の寸法線マークをクリックする。

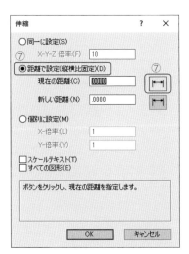

⑧ 作業画面に戻るので、明らかに寸法のわかっているスケールバーの始点をクリック、終点をクリックで示す。

⑨「伸縮」ダイアログボックスが開かれ、現在の距離に：（C）作業画面上の距離が示される。一行下の「新しい距離：（N）」に本来あるべき寸法（距離）を入力する。右図の場合はスケールバーに示されている 30m「30000（mm）」を入力する。

⑧

🔍 point

地図に描かれているイメージバーの寸法を寸法ツールを用いて計測し、縮尺のズレがどれほどかを確認する。右図の場合、地図のスケールバーが 30 m（30,000mm）であるが、ファイル上は 23.5900mm である。

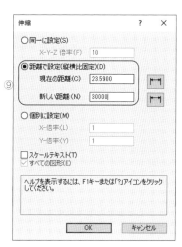
⑨

⑩ 拡大、あるいは縮小した元地図上のスケールバーを寸法で計測し、正しい距離（長さ）になっているかを確認する。

⑪ 正しい距離である場合、地図を選択し、右クリックで「ロック」を選択する。

⑫「地図」クラスを作成し、アクティブにする。

⑬ 基本パレットの「直線」ツール ╲ や「多角形」ツール ▽ などを用いて、地図上の線をなぞる。

⑭ 完成したら、「元地図」クラスを非表示にする。

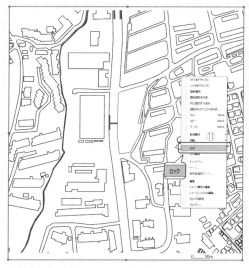

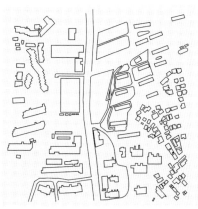

03　高低差がある敷地の作成

敷地に高低差がある場合、高低差が表示されている地図を 8 章 02 を参照しながらファイルに取り込み、座標ごとに高さを与えていきながら高低差のある敷地を作成する。

準備：8 章 02 の要領で地図画像データをファイルに取り込み、⑪までの作業を行う。

①「敷地基準点」クラスを作成し、アクティブにする。

②「3D」ツールセット 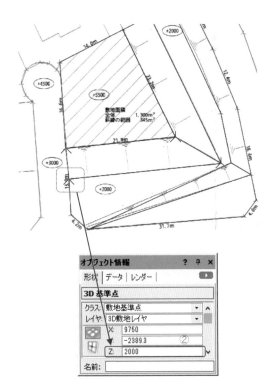 →「3D 基準点」
　　人 を選択し、敷地境界線の基準となる全ての点をオブジェクト情報ダイアログボックス上で、Z の値を入力しながら設定していく。

🔍 point

イメージデータを下敷きにしない場合は、基準点それぞれに X、Y、Z の数値を与える。

③「3D」ツールセット 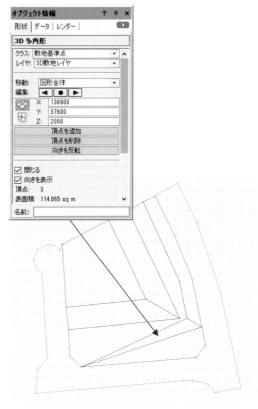 →「3D 多角形」 3D多角形 を選択し、②で設定した全ての 3D 基準点を法面ごとにクリックしながら、敷地の外形線を描く。

④ 3D 表示やレンダリングで確認すると、地形の起伏が形成されていることがわかる。

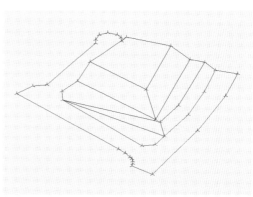

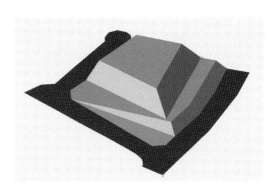

⑤ 作成した 3D 多角形および 3D 基準点を全て選択する。

　◆ここでは道路と分けて、地形のみを選択してもよい。

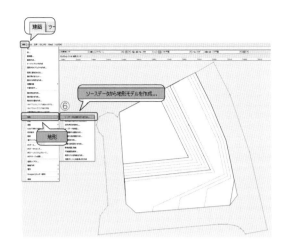

⑥ メニューバー［建築］→「地形」→「ソースデータから地形モデルを作成...」を選択する。

⑦「地形モデルを作成」ダイアログボックスが表示されるので、「3D 表示」ペイン内を以下のように設定し OK する。

　　スタイル：3D メッシュ
　　側面・底面を表示　にチェック
　　メッシュをスムージング　にチェック
　　折り目角度：60.00°

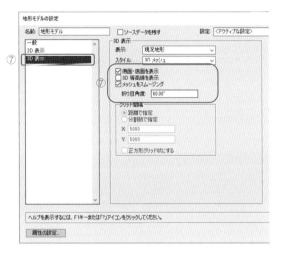

⑧ 3D 表示やレンダリングで確認すると、地形が滑らかに変化していることがわかる。

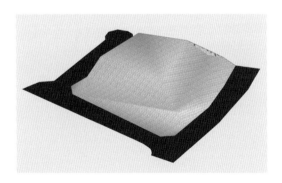

04　地図情報データを用いた敷地の作成

国土地理院の基盤地図情報ダウンロードサイトなどから、地図情報を入手し、敷地を作成する。
http://bim.aanda.co.jp/blog/2018/06/4071/（2020 年 8 月 1 日確認）

☑ready

国土地理院の基盤地図情報ダウンロードサイトに行く。ダウンロードにはログイン登録が必要である。

① 国土地理院の基盤地図情報ダウンロードサイトを開く。

② 「表示ソフトウェア」をクリックし、「基盤地図情報ビューア」をダウンロードする(ビューアの利用は Windows のみ)。

③ 基本項目の「ファイル選択へ」をクリック。

④ 「選択方法指定」から地図情報が必要な場所を指定する。

⑤ 必要なファイルをダウンロードする。

⑥ ②でダウンロードした「基盤地図情報ビューア」を開き、ファイル→新規プロジェクト作成から、ダウンロードした⑤のデータを「追加」で取り込む。

⑦ エクスポート→エクスポートから「変換種別：シェープファイル」を選択し「等高線」にチェックを入れて取り出す。

⑧ Vectorworks ファイルに戻り、メニューバー[ファイル]→「取り込む」→「Shape ファイル取り込み...」で、「等高線」データを選択する。

⑨ メニューバー [ツール] → 「レコード」→「レコードから変更...」を選択して、「レコードフィールド：?W??」(標高)「変更：多角形 /曲線に高さ (位置) を与える」「乗数：1000」(ファイルの単位が mm の場合に入力が必要。m の場合は 1 のまま) と設定をして OK 。高さを持った 3D 多角形に変換される。

05　外壁に施設名称の文字看板をつける

文字を立体モデル化し、外壁や外構計画で使用するための文字看板を作成する。

① 文字を書いて、メニューバー［文字］→「文字を曲線に変換」を選択する。

② 文字を選択したまま右クリックでコマンドを表示させ、「グループ解除」する。

③ メニューバー［モデル］→「柱状体...」をクリックする。

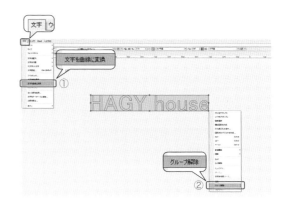

④「生成 柱状体」ダイアログボックスが表示されるので、「奥行き」に適切な数値を入力し、OK をクリックする（ここでは、15mmを入力）。

⑤「現在のビュー」を「右」にする。

⑥ 柱状体にした文字を選択し、メニューバー［加工］→「回転」→「左 90°」を選択する。

　◆基本パレットの「回転」ツール 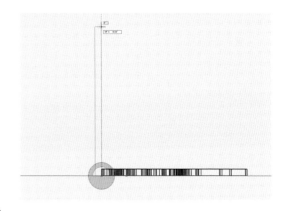 を用いてもよい。

⑦「現在のビュー」を「斜め右」とし、文字看板ができていることを確認する。

🔍 point

柱状体にした際、Z 軸方向に厚みが出るので、90°回転させて文字を起こす必要がある。

06　図形からオブジェクトを作成する

直線や曲線、矩形などの二次元図形から建築オブジェクト等を作成することができる。ここでは、手書き曲線等で描いた複雑な二次元図形を、ガードレールや座席レイアウト、手摺／フェンスなど、様々な建築オブジェクトへと簡単に生成させることができる。ここでは、作成が難しい複雑な曲線の手摺を作成しよう。

① 基本パレットの「円」ツール ⚪ で手摺の外形（半径 2,500 の円）を描く。

② 描画した円を選択し、メニューバー［建築］→「図形からオブジェクトを作成...」を選択する。

③ 「図形からオブジェクトを作成」ダイアログボックスが表示されるので、オブジェクトタイプ：「手摺／フェンス」、オフセット：中央を選択し、OK をクリックする。

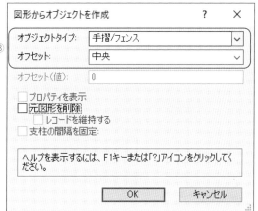

④ 「現在のビュー」を「斜め右」にして、オブジェクトが作成されているのを確認する。

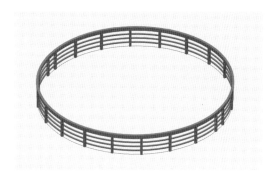

あなたのスキルを試してみませんか？

VECTORWORKS®

操作技能ベーシック認定試験

ベーシック認定試験は、Vectorworks が持つ 2D,3D, レンダリング , ワークシート等の基本機能を理解していることを認定する試験です。 Vectorworks の国内総販売元であるエーアンドエー株式会社が主催し、 実施しています。

1 いつでも、どこでも受験可能

コンピューター上で受験する IBT 方式 (Internet Based Testing) の試験だか 時間も場所も縛られません。 受験申し込み後には専用の学習用教材＊が ダウンロードでき、 自分のペースで学習できます。

＊教材は Vectorworks のテンプレート形式ファイルです

2 即座に採点、その場で合否がわかります

70％以上の正答率で合格判定。 PDF の合格証が即時発行されます。 さらに、 90％以上の正答率で上位認定「アドバンス認定」の 認定カードが後日発行されます。

3 全3回まで受験可能

受験可能期間は手続き完了後30日間。 期間内は全3回までの再受験が可能で、 合格や得点アップのチャンスが広がります。

詳細・お申し込み
https://www.aanda.co.jp/exam/index.html

お問い合わせ
エーアンドエー株式会社
Vectorworks 操作技能認定試験事務局
exam@aanda.co.jp

体験版はこちら

本試験と同様の画面で動作確認と体験ができ リンク先ページで「体験版はこちら」の ボタンをクリックしてください

INDEX

監修

エーアンドエー OASIS (Operation, A&A Vectorworks Supports Instruction at School & Colleges)

A&A 社が主宰する、Vectorworks を授業で採用している教員や学生を様々な形でサポートするプログラム。OASIS では専用製品や奨学金制度、教育シンポジウムなどの企画を通じ、次代を担うデザイナーの育成を支援している。

著者

辻川 ひとみ（つじかわ・ひとみ）

帝塚山大学現代生活学部居住空間デザイン学科教授。1997 年大阪市立大学大学院生活科学研究科修士課程修了。2000 年大阪市立大学大学院生活科学研究科博士課程修了。博士（学術）。2008 年マドリッド工科大学客員研究員。一級建築士。共著に『最短で学ぶ JW_CAD 建築製図』学芸出版社 (2013)、『新版家政学事典』朝倉書店（2004）。

吉住 優子（よしずみ・ゆうこ）

帝塚山大学現代生活学部居住空間デザイン学科准教授。2000 年大阪市立大学大学院生活科学研究科修士課程修了。2006 年大阪大学大学院工学研究科博士課程修了。博士（工学）。大阪大学大学院工学研究科特任研究員を経て現職。共著に『最短で学ぶ JW_CAD 建築製図』学芸出版社 (2013)、『まちの居場所―まちの居場所をみつける / つくる 』東洋書店（2010）、『まちの居場所―ささえる / まもる / そだてる / つなぐ』鹿島出版会（2019）。

最短で学ぶ Vectorworks
建築製図とプレゼンテーション

2020 年 9 月 25 日　第 1 版第 1 刷発行
2023 年 8 月 20 日　第 1 版第 2 刷発行

監　修………エーアンドエー OASIS
著　者………辻川ひとみ・吉住優子

発行者………井口夏実
発行所………株式会社学芸出版社
　　　　　　京都市下京区木津屋橋通西洞院東入
　　　　　　電話 075 - 343 - 0811　〒 600 - 8216
　　　　　　http://www.gakugei-pub.jp/
　　　　　　E-mail:info@gakugei-pub.jp

編集担当……岩崎健一郎

装　丁………Iyo Yamaura
編集協力……村角洋一デザイン事務所
印　刷………創栄図書印刷
製　本………山崎紙工

© Tsujikawa Hitomi, Yoshizumi Yuko 2020　　　Printed in Japan
ISBN 978 - 4 - 7615 - 3262 - 8